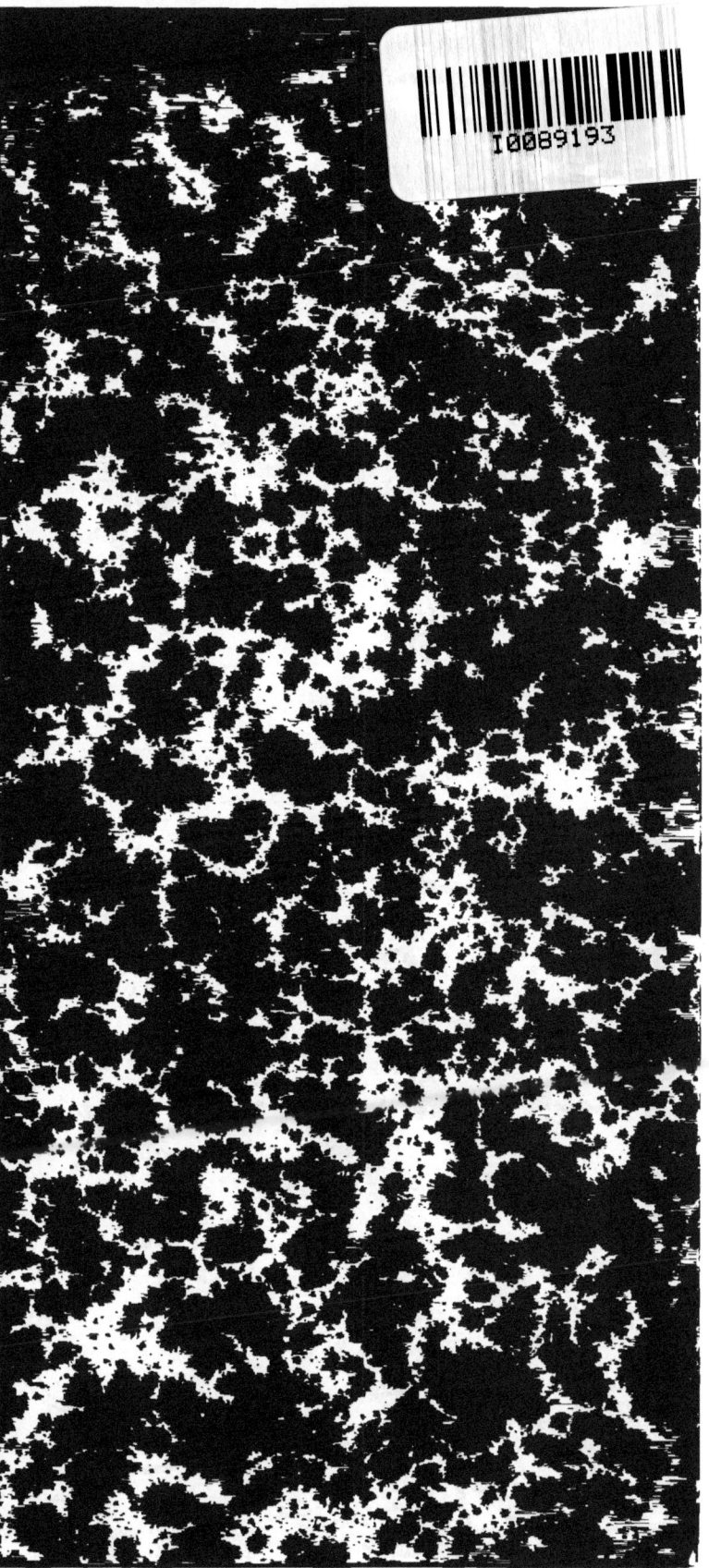

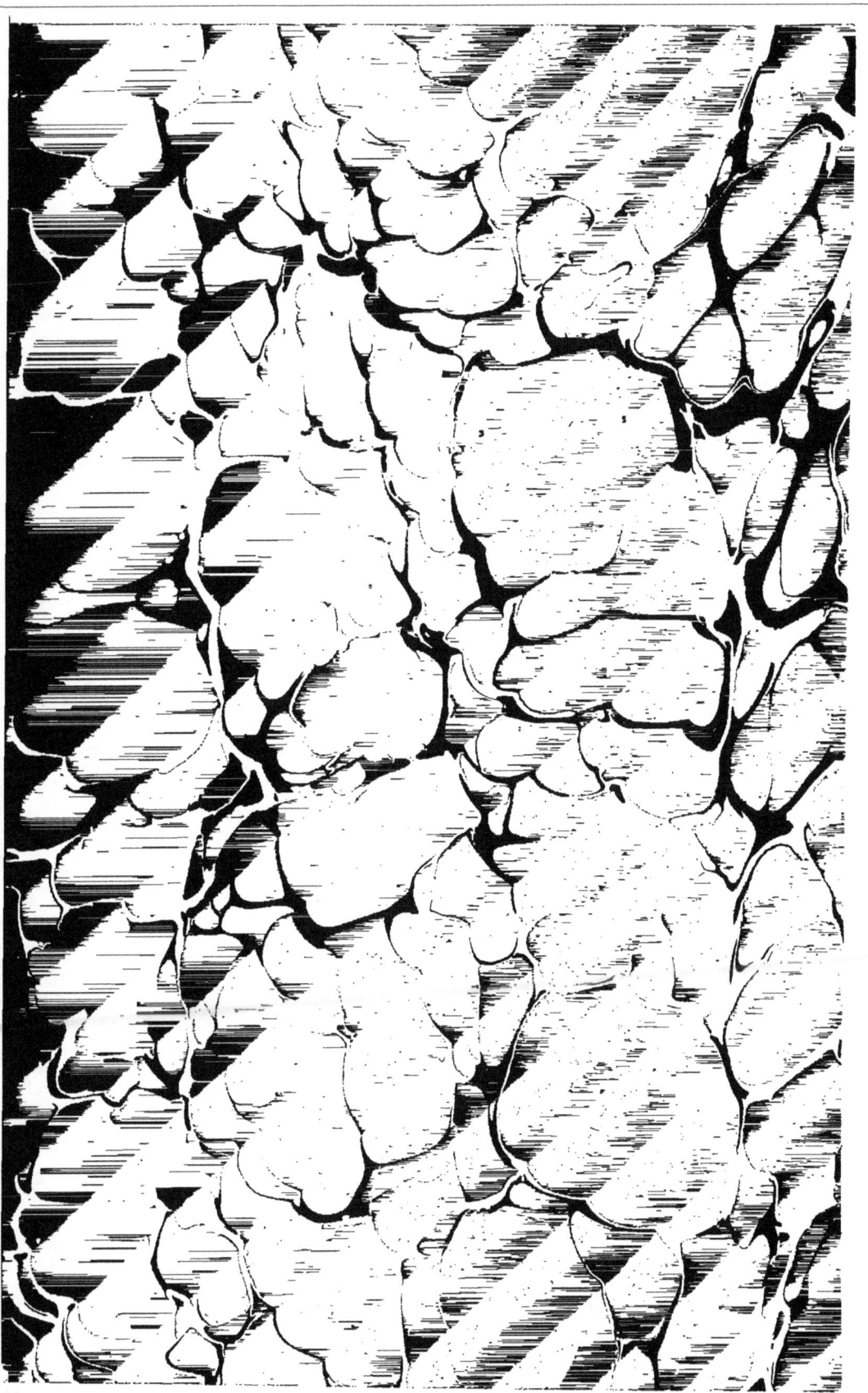

SOUVENIRS de MADAGASCAR

Lieut LANGLOIS

PARIS et LIMOGES

Henri CHARLES-LAVAUZELLE

ÉDITEUR MILITAIRE

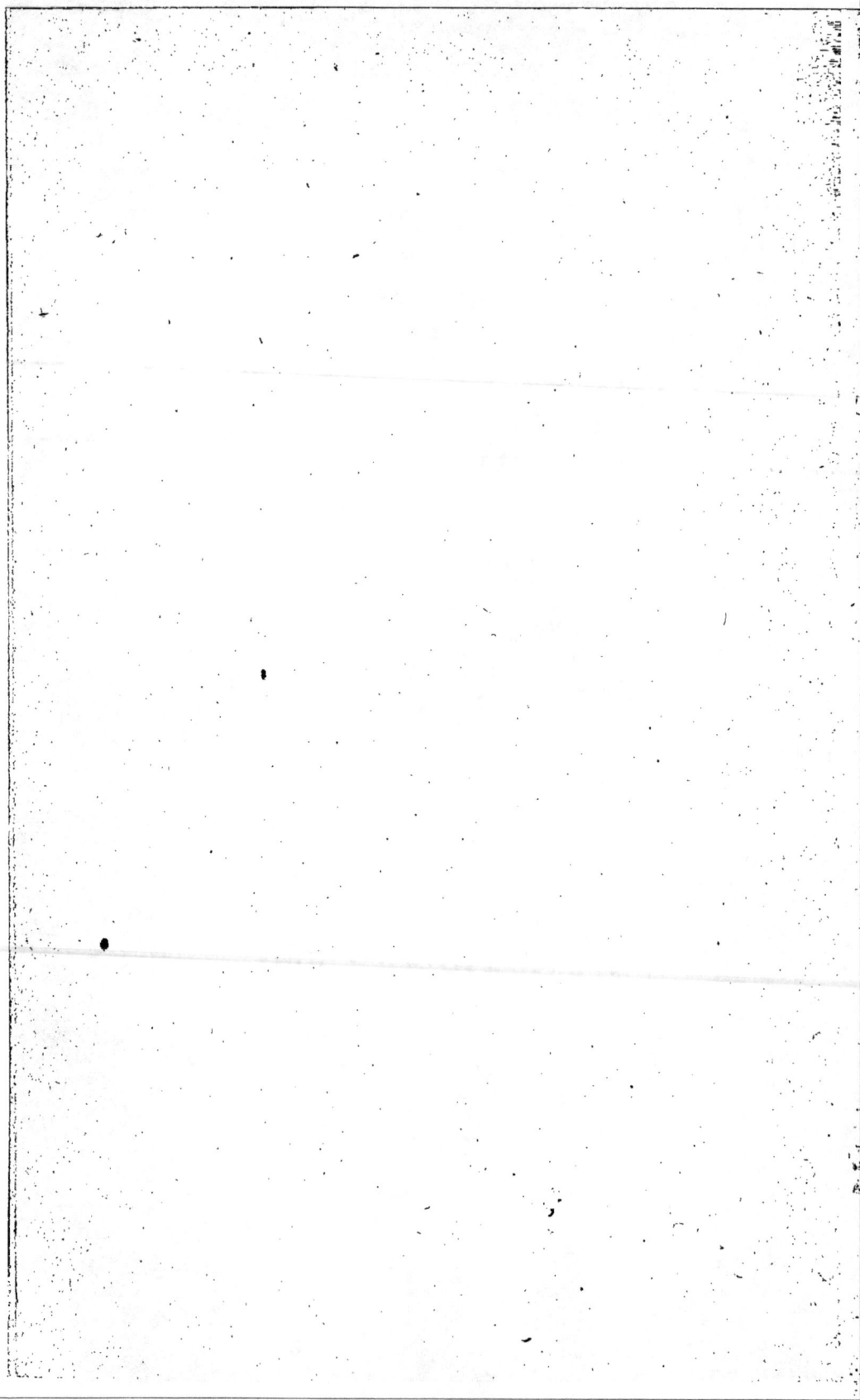

SOUVENIRS DE MADAGASCAR

SOUVENIRS

DE

MADAGASCAR

(1895)

Par le Lieutenant LANGLOIS

DU 2ᵉ RÉGIMENT D'INFANTERIE

PARIS

Henri CHARLES-LAVAUZELLE

Éditeur militaire

10, Rue Danton, Boulevard Saint-Germain, 118

—

(MÊME MAISON A LIMOGES)

A vous, mes chers Parents, auxquels j'ai si souvent pensé aux heures tristes et mélancoliques.

A toi, ma chère Légion, ma crâne Légion, troupe héroïque où les dévouements, les belles actions, les abnégations sublimes ne se comptent plus.

LANGLOIS.

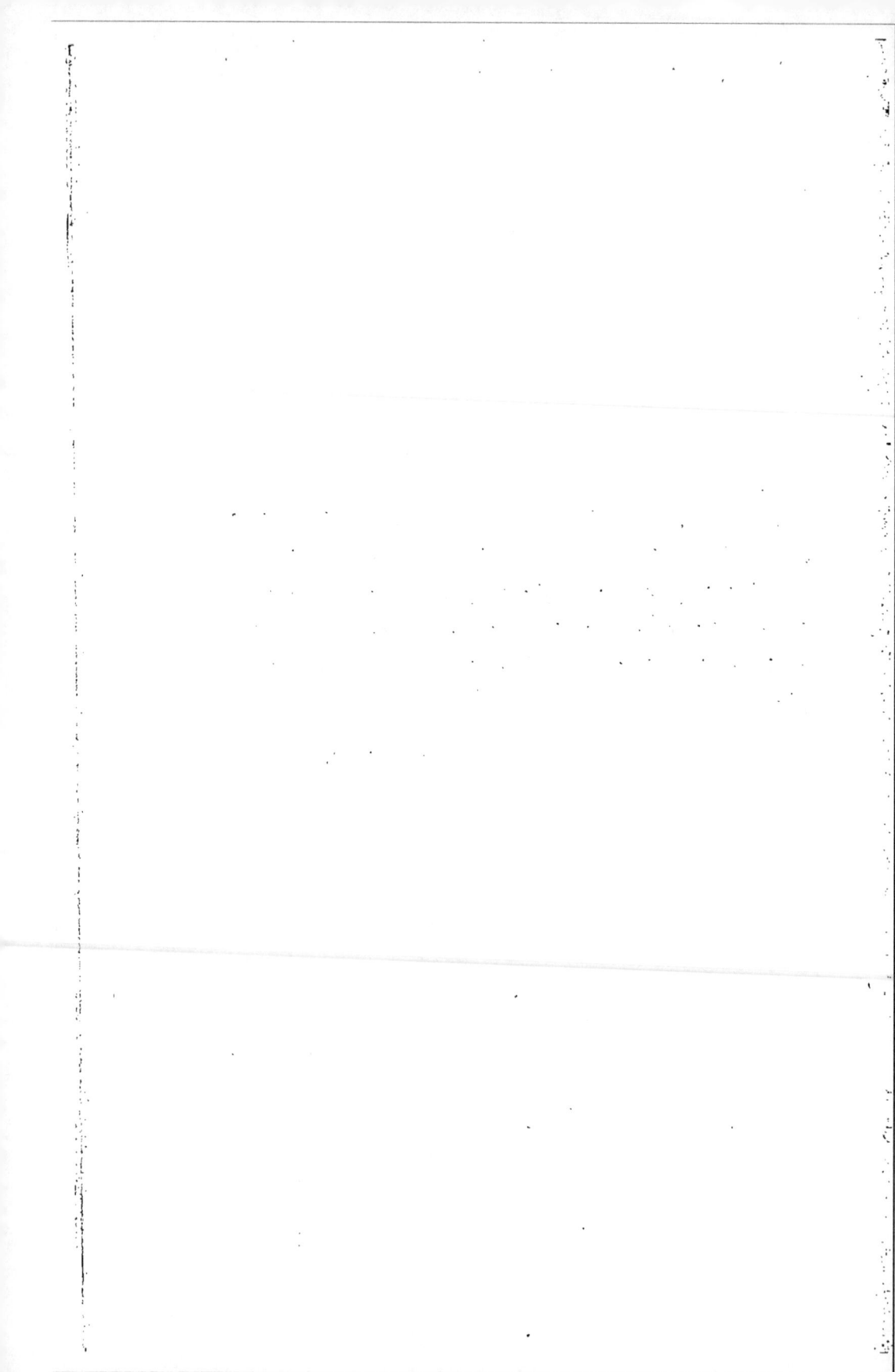

INTRODUCTION

Au commencement de février 1895, cinq mois après ma sortie de Saint-Cyr, j'étais versé à la 3ᵉ compagnie du régiment d'Algérie, destinée à opérer à Madagascar.

Le 5 avril, l'*Indoustan*, grand navire de la Compagnie Frayssinet, nous entraînait, à travers la mer bleue, vers les inconnus mystérieux, vers les horizons de feu. Et moi, le cœur gonflé de joie, l'esprit déjà échauffé par les soleils futurs, je me laissais aller à des rêves de batailles, de gloire, rêves très doux pour un officier de 20 ans qui souffre de voir son épaulette si neuve, sa moustache si embryonnaire.

LANGLOIS.

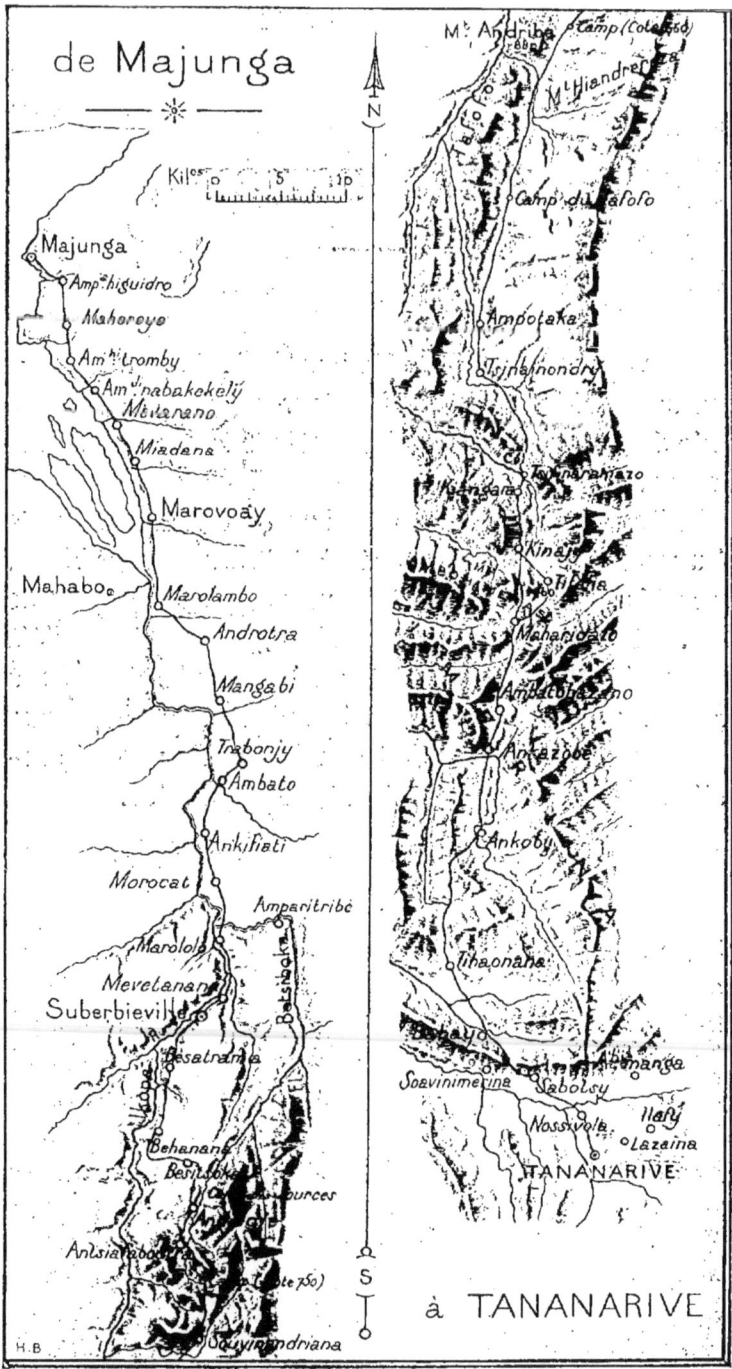

de Majunga

Kil^os 0   5   10

Majunga
Amp^hisguidro
Maharoya
Am^b tromby
Am^b nabakekely
Mitanano
Miadana
Marovoay
Mahabo
Marolambo
Androtra
Mangabi
Trabonjy
Ambato
Ankifiati
Morocat
Amparitribé
Marololo
Mevetanan
Suberbieville
Besatrana
Behanana
Berisioka
ources
Antsiafabositra
(Cote 750)
Soaviambndriana

Mt Andriba   Camp (Colonne)
Mt Hiandrei
alofo
Camp du alofo
Ampotaka
Tsinainondry
Ca
Ivohimanhazo
Ransaha
Kinajy
Ilha
Maharidazo
Ambatondrano
Antazobe
Ankoby
Tihaonana
Behazo
Abanana
Soavinimerina   Sabotsy
Nossivola   Ilafy
Lazaina
TANANARIVE

N

S

à TANANARIVE

H.B.

SOUVENIRS DE MADAGASCAR

LA BAIE DE BOMBETOCK

Il est 2 heures, la chaleur est étouffante ; la réverbération du soleil sur la mer est insupportable ; nous devons approcher de la côte, car la teinte verdâtre de l'océan tourne au jaune rougeâtre et les bandes de mouettes deviennent plus nombreuses. Bientôt, en effet, la séparation du ciel et de l'océan apparaît moins nette à l'horizon, et une terre aux contours mal définis se dessine. Nous la saluons de nos acclamations.

A 3 heures nous n'en sommes plus qu'à quelques milles ; le navire file sur une eau boueuse. A bâbord, la terre malgache s'offre à nos regards, très rouge avec ses manguiers énormes, et, à tribord, c'est l'immense inconnu de l'océan, où le sillage du navire laisse une traînée blanche qui se prolonge très loin dans la direction du pays. Vers le sud, les premières maisons de Majunga tachent de blanc la masse des terres, le rowa dresse sa silhouette touffue au-dessus de la ville et de nombreux navires au mouillage entremêlent leurs mâts et leurs cheminées énormes.

Nous entrons dans la baie de Bombetock ; le navire nage silencieux, comme accablé par le poids de cette chaleur énorme. Nous regardons tout émus le drapeau de France flotter sur Majunga, et pourtant pas un cri : le cœur est oppressé par le silence de cette terre qui semble morte.

Alors beaucoup se retournent et regardent le sillage blanc, qui se perd très loin dans l'infini de la mer.

En rade de Majunga.

Enfin le navire prend son mouillage : il est 5 heures. La vaste baie semble s'animer un peu, les vedettes passent en lâchant leurs sifflements aigus, les canots se détachent des flancs des navires et les énormes chalands s'emplissent lentement du matériel qu'on débarquera demain à la première heure.

A l'arrière des navires, les drapeaux sont en berne, un matelot est mort; la fièvre commence ses ravages, nous dit un officier de marine; l'hôpital est encombré, la colonne Metzinger sur Maroway a échoué : elle s'est perdue dans les marais qui entourent cette localité et a dû se replier sur Meverano.

Le colonel Oudri vient nous serrer la main et nous annoncer notre prochain départ pour l'intérieur. Il est acclamé par les légionnaires qui l'adorent.

« — Voici un enthousiasme de bon augure, lui dit le colonel Bailloud; avec un tel régiment vous irez loin. »

Impressions sur Majunga.

Le bataillon a débarqué ce matin; l'opération a été longue, pénible et humide. Aussitôt débarqué, j'ai été envoyé, en qualité de chef de popote, prendre langue avec les fournisseurs; j'ai pu ainsi visiter tout Majunga.

Majunga est bâti sur une langue de terre peu élevée au-dessus du niveau de la mer. La ville est dominée par la hauteur du rowa; elle est très pittoresque, perdue au milieu des manguiers énormes, où, çà et là, se mêlent les larges feuilles du bananier et la gracieuse dentelure du latanier. Elle est très coquette avec ses grandes terrasses blanches, ses maisons européennes et ses huttes indigènes où grouille la foule bariolée des familles sakalaves.

La place du marché est particulièrement animée ; là, sous un ciel très bleu, se coudoient, crient, gesticulent, au milieu d'une véritable orgie de couleurs, les représentants de toutes les races du monde. L'Indou solennel croise la gracieuse fille de Sainte-Marie ; le Sakalave, armé de sa longue sagaie, promène dignement sa noire personne, tandis que le Zanzibar paresseux prend un bain de soleil, l'air réjoui. Tout respire la paix et la prospérité, et, sans le casque blanc de nos troupiers et la rouge chéchia de nos Sénégalais, on aurait beaucoup de peine à croire que la parole est au canon.

En descendant sur la plage, l'impression est tout autre. Là tout marche militairement, le mot guerre est partout ; il est inscrit sur les caisses qui s'amoncèlent en tas énormes, il est sur la flamme des navires de guerre qui sont au mouillage, il est sur les canons qui attendent dans un calme puissant le moment de paraître, il est enfin sur les mâles figures de nos marins et de nos soldats qui rivalisent de zèle sous ce soleil de plomb. C'est une agitation, c'est une fièvre sur cette plage ; les wagonnets, poussés par de vigoureux coolies, glissent rapidement sur les rails ; les voitures Lefèvre, attelées de bœufs ou de mulets, marchent péniblement sur le sable de la grève ; et les chalands arrivent toujours, jetant, pêle-mêle, fours de campagne, médicaments, munitions, vivres, au milieu desquels se débat une foule de diables noirs qui crie et chante pour s'exciter au travail.

Le camp des Manguiers.

Le bataillon a établi son bivouac au camp dit des Manguiers. Ce camp s'étend à l'est du rowa, complètement en dehors de la ville. Les manguiers qui l'ombragent sont des arbres magnifiques. L'homme paraît ridiculement petit à côté de ces géants, dont le tronc atteint des proportions

titaniques et dont le feuillage s'épanouit à d'invraisemblables hauteurs.

Il n'est pas banal, le camp des Manguiers, avec ses centaines de petites tentes, minuscules taches blanches jetées sur
la masse verte des arbres, avec ses fanfa-
res de clairon et son animation de caserne.
Ici, ce sont les Sénégalais, grands et
robustes soldats à la figure poupine toujours illuminée d'un gros rire d'enfant.
Là, ce sont les Somalis, très noirs, très
minces, très dignes, très grands seigneurs, avec leurs
cheveux crépus et leur profil de médaille grecque. Plus
loin, ce sont les tirailleurs algériens, superbes sous leur
casque blanc, dans leur veste blanche et leur flottard
blanc. Là-bas, ce sont les coolis, groupe panaché composé
d'Algériens, d'Égyptiens, d'Arabes, de Djeddah, de Zanzibars et de Sakalaves.

Enfin, voici nos légionnaires! Leur bivouac, établi au milieu de tombeaux musulmans, ne dépare pas l'ensemble; les
tentes, bien alignées et recouvertes de feuillage, lui donnent un aspect très original. Malheureusement, la journée
a été dure, on a beaucoup bu pour se soutenir, et, selon
l'expression pittoresque du brave adjudant Vigier, il y a du
vent dans les voiles. Manguiers géants, voilez vous-la face!

De Majunga à Miananarive.

L'ordre de départ vient d'arriver : nous devons coopérer à la prise de Maroway.

De Majunga à Miananarive, où nous bivouaquons ce soir, il y a cinq kilomètres à peine ; aussi le départ n'est-il fixé qu'à 5 heures du soir, après la forte chaleur. Malgré la fraîcheur relative de cette fin de journée, la traversée du village est pénible, surtout la montée du rowa. En dépit des nombreux indigènes qui regardent curieusement passer le bataillon, nos pauvres troupiers, la cervelle encore brouillée par les libations des jours précédents, ne font pas très bonne figure. Leurs casques se mettent en bataille, et l'eau ruisselle de leurs fronts tristement penchés ; ils sont insensibles aux œillades lancées par les jolis minois chiffonnés qui se montrent à travers les planches disjointes des clôtures : leur seule préoccupation est de remettre en place, d'un vigoureux coup d'épaule, le sac monumental qui pèse terriblement.

Mais nous arrivons aux manguiers, et l'ombre qu'ils répandent ramène un peu de gaîté et d'entrain ; les conversations commencent, et à la sortie du village toute apparence de mélancolie a disparu.

Nous traversons encore le campement de la compagnie Giraud (tirailleurs algériens), et maintenant nous marchons en pleine campagne, une campagne couverte de brousse, de taillis où, çà et là, se dressent quelques maigres lataniers.

Le soleil a disparu et la nuit arrive avec une rapidité vraiment curieuse. Une poussière rougeâtre, soulevée par la colonne, s'élève aveuglante, et nous sommes tout étonnés d'arriver sur un plateau solide où se dressent les manguiers géants de Miananarive, qui semblent une tache noire sur le ciel déjà sombre.

Nous nous installons en pleine obscurité, presque à tâtons,

au milieu du plus complet désordre qu'il soit possible de rêver. Les patrouilles envoyées à l'eau et au bois s'égarent, s'interpellent, les mulets s'échappent, les conducteurs crient, et la grande forêt, avec ses profondeurs immenses, rendues fantastiques par les flammes des feux de bivouac qui font danser les ombres des arbres géants, semble s'être tout à coup éveillée dans le tumulte d'un infernal sabbat.

De Miananarive à Marohogo.

Ce matin, à 4 h. 30, départ pour Marohogo. Nous quittons les manguiers de Miananarive et nous nous engageons dans un petit chemin creux assez original ; à droite et à gauche, une brousse haute de deux mètres, analogue à l'alfa d'Algérie, arrête la vue. De temps à autre, une trouée permet d'apercevoir le pays, qui apparaît avec ses grandes ondulations comme un immense champ jaune dont la monotonie n'est rompue que par quelques lataniers et bananiers. Il ne change d'aspect qu'à Amparahigindro. Là, les manguiers recommencent, et le sentier est bordé de grands marais au milieu desquels de nombreux caïmans nagent ou simulent le sommeil en attendant une proie.

Nous rencontrons, dans Amparahigindro, deux compagnies de tirailleurs sakalaves. C'est la première fois que j'ai l'occasion de voir ces troupes de nouvelle formation, et elles me font fort bonne impression. Le tirailleur est plutôt petit, mais vif, alerte, bien proportionné ; il porte avec une certaine crânerie sa chéchia rouge sur l'oreille, ainsi que la veste bleue serrée à la taille par le ceinturon d'ordonnance. Il ignore l'emploi des souliers, laissant ses jambes noires sortir sans entraves de son large pantalon bleu. Quelques-uns d'entre eux (anciens chasseurs de Diégo-Suarez) portent la médaille militaire et celle de Madagascar.

A deux ou trois kilomètres d'Amparahigindro, nous atteignons un ruisseau bordé de palétuviers et de lataniers.

La colonne s'y arrête pour la grand'halte. Le palétuvier est un arbre très curieux dont les racines sortent de terre et dont le tronc ne commence qu'à quatre-vingts centimètres ou un mètre du sol. Partout où l'on voit le palétuvier, on peut dire que la fièvre est maîtresse : c'est le fils du marais.

Il est 10 heures : et nous devons repartir à 4 heures, le temps de réparer nos forces par un peu de nourriture et une bonne sieste. J'ai entendu dire, par de vieux officiers, qu'en campagne on doit manger et dormir toutes les fois qu'on le peut, de crainte de ne pouvoir le faire aux heures à ce destinées. L'appétit ne manque pas d'ailleurs ; mais le sommeil est rendu impossible par les mouches, la chaleur et le manque d'ombre.

J'en suis réduit à regarder les ébats des charognards grisâtres et des corbeaux à col blanc, fort nombreux dans la région. Néanmoins, ce demi-repos facilite la reprise de la marche, et les dix kilomètres qui nous séparent de Mahorogo sont allégrement enlevés.

En partant de l'emplacement de la grand'halte, nous traversons un grand plateau calcaire sur lequel nous rencontrons un échelon de conducteurs kabyles menant leurs mulets à l'abreuvoir. Ils me paraissent extraordinairement jeunes ; quelques-uns ont l'aspect de véritables enfants. En dépit du grand soleil brûlant et de la monotonie triste des immenses croupes blanches, ils sont gais et pleins d'insouciance, vraiment pittoresques dans leur accoutrement bizarre ; coiffés de grands chapeaux de paille, les uns portent de vieilles tuniques rouges de provenance anglaise, d'autres des lambas, vêtement national de Hova, d'autres enfin, comme dans *Malbrough*, ne portent rien du tout. Ils font faire fantasia à leurs mulets ; ils sont encore pleins d'une vigueur qu'ils dépensent sans compter, mektoub.

Le plateau calcaire se termine brusquement par une falaise à pic, au bas de laquelle on entre sous bois ; on arrive ainsi à la rivière de Marohogo, qui roule une eau limpide. Nous la traversons à gué avec de l'eau jusqu'aux genoux et nous rentrons ensuite sous bois jusqu'au village où le bivouac est établi. De Marohogo il ne reste plus rien qu'un tas de poutres brûlées et quelques silos vides.

Le village est entouré par une brousse géante au milieu de laquelle on disparaît absolument. L'établissement des petits postes est rendu de ce chef très difficile.

De Maronogo à Amboïtrombikely.

Aujourd'hui l'étape est assez courte : dix kilomètres à peine nous séparent d'Amboïtrombikely ; le pays que nous traversons est pierreux et légèrement mamelonné ; il est complètement désert ; d'ailleurs, depuis notre départ de Majunga nous n'avons rencontré aucun naturel ; les Hovas semblent vouloir faire le vide devant nous.

Au 7e kilomètre, nous traversons un fossé suivi d'un mur en pierres sèches ; c'est le premier élément du camp retranché d'Amboïtrombikely, qui ne tarde pas à apparaître perché sur une colline dont nous sommes séparés par un profond ravin.

Le rowa est entouré de cactus, très serrés, qui rendraient la prise de vive force assez difficile ; c'est d'ailleurs la seule défense sérieuse de ce camp, dont les principaux ouvrages sont tournés contre le fleuve. Au milieu des calebasses et des bouteilles vides, quelques vieux canons sans affûts montrent leurs gueules inoffensives ; ils portent les fleurs de lis et la devise du Grand Roi.

Le village d'Amboïtrombikely est assez joli ; il est abrité par des manguiers et des bananiers de toute beauté. Les cases sont construites sur pilotis en prévision de la saison des pluies. Elles sont recouvertes avec des feuilles de bananier. Seule la maison du gouverneur paraît assez confortable ; elle se compose de trois chambres où le soleil et la pluie ne doivent pas trop pénétrer. Si l'on en juge par le grand nombre de bouteilles vides qui traînent dans tous les coins, les Hovas doivent être de grands ivrognes. Il n'est pas de case où l'on ne trouve, au moins, une douzaine de bouteilles avec la marque Pernod ou Cusenier.

Le premier soin des légionnaires est de faire une chasse acharnée à quelques poules et cochons oubliés par les habitants dans la précipitation du départ. C'est en participant à cette battue que j'aperçois, pour la première fois, des aigrettes.

L'aigrette est un bel oiseau, complètement blanc, de la grosseur d'un fort pigeon. Sa tête est surmontée d'une huppe blanche. Lorsqu'il s'envole, il déploie des ailes extrêmement longues et ramène ses pattes en arrière d'une façon tout à fait caractéristique. La ligne du bec et celle des pattes sont alors sensiblement parallèles. L'aigrette est peu sauvage et se laisse approcher à portée de fusil; elle n'est d'ailleurs jamais chassée par les indigènes, qui la considèrent comme un oiseau sacré.

Amboïtrombikely est entouré par quelques champs de manioc et de patates, dont la récolte est faite séance tenante. Lorsque ces fruits sont tendres, ils ressemblent beaucoup à la pomme de terre et se préparent de la même façon. Néanmoins il faut se méfier de la patate, dont certaines espèces contiennent un poison violent.

Pour déguster toutes ces bonnes choses, les 3e et 4e compagnies ont fait table commune, et la soirée se termine gaiement après avoir débouché, en l'honneur de la légion, une bouteille d'un affreux vin mousseux acheté à Majunga.

De Ambohitrombikely à Méverano (4 mai).

Aujourd'hui, nous sommes d'arrière-garde, — une rude corvée, étant donné la longueur de l'étape et le mauvais état de la route. Nous partons environ trois quarts d'heure

après les autres compagnies, tant la traversée du ravin d'Ambohitrombikely est pénible. Les mulets roulent avec leurs charges ; il faut les rebâter et les pousser au derrière pour franchir ce passage difficile ; le convoi a déjà un allongement de plusieurs kilomètres. Nous ne serons pourtant au bout de nos peines qu'après la descente d'Ambohitrombikley, longue d'environ six cents mètres et dont la pente est souvent supérieure à 45 degrés.

Pour opérer cette descente dans les meilleures con-

ditions possibles, les mulets sont allégés d'une partie de leur charge ; ils sont accompagnés d'un légionnaire qui doit empêcher les chutes dans les profonds ravins qui bordent le sentier. Grâce à ces précautions, aucun malheur à déplorer, si ce n'est deux ou trois cantines qui se pressent un peu trop et bondissent de rochers en rochers, semant leur contenu un peu partout.

De la côte d'Ambohitrombikely nous avons une vue magnifique sur la vallée de la Betsiboka. A nos pieds, le grand fleuve malgache roule ses eaux sales, boueuses, rougeâtres, au milieu d'immenses forêts de manguiers et de palétuviers, qui vues, de si haut, paraissent de minuscules taillis; au sud, le pays va en s'étageant, et, en regardant bien attentivement à la jumelle, nous croyons apercevoir le rowa de Maroway au milieu de mille collines qui se heurtent comme les vagues d'une mer moutonneuse.

Mais le convoi est passé : il faut s'arracher à la contemplation de ce beau spectacle. En bas de la côte, nous trouvons une excellente piste qui se dirige sur Ambodinabatékély. Des bandes d'aigrettes fort nombreuses se lèvent à droite et à gauche de la route et s'ébattent dans la plaine légèrement marécageuse qui nous entoure.

Le petit village d'Ambodinabatékély se compose d'une quinzaine de cases; il est assez propret et possède une jolie place ombragée par de beaux manguiers. Les habitants, obéissant au mot d'ordre de Tananarive, ont abandonné leurs maisons, dans lesquelles s'est installé un détachement du génie chargé d'améliorer la descente.

Après avoir traversé le village, nous nous engageons dans un pays très broussailleux. Le sentier que nous suivons est bordé par des taillis et une brousse très haute qui ne laissent pas arriver un souffle d'air; le soleil est brûlant et la marche devient particulièrement pénible. Heureusement, la végétation ne tarde pas à changer, et les grands arbres nous abritent de nouveau de leur ombre protectrice. Nous ne tardons pas, d'ailleurs, à rejoindre

les autres compagnies du bataillon installées en grand'
halte sur les bords d'un ruisseau.

Pendant la grand'halte, un homme de ma compagnie
m'apporte le plus beau spécimen de caméléon que j'aie
jamais vu. L'animal mesure certainement de vingt-huit à
trente centimètres de long et sa tête grimaçante impressionne.

. . . .

A 2 heures, nous repartons pour Meverano; le pays
se découvre, et va toujours en s'élevant jusqu'au gîte
d'étape, où nous arrivons à 4 heures.

Meverano est un village d'une quarantaine de cases,
situé au bord de la Betsiboka. Comme à Ambohitrombikely, les Hovas ont tourné leur système de fortifications
contre le fleuve. « Les Français sont des poissons, disait
Rainylaiarivony, ils ne viendront que par la voie d'eau,
inutile de leur barrer la voie de terre. »

Malheureusement pour lui, les canonnières arrivèrent
trop tard; la voie de terre nous fut imposée par les événements, et tous ces ouvrages, tournés par ce seul fait, tom-
bèrent entre nos mains sans qu'il fût nécessaire de tirer un
seul coup de canon.

En arrivant à Meverano, nous apprenons la prise de
Maroway, qui a succombé, le 2 mai, à une attaque combi-
née d'une partie de la brigade Metzinger et des canonnières
commandées par le commandant Bienaimé.

La résistance n'a pas été sérieuse, et, bien que la position
soit formidable, les Hovas ont lâché pied presque au début
de l'action. Notre artillerie a, paraît-il, fait un gros massacre avec ses feux de poursuite.

Notre mouvement en avant va donc être ralenti; nous
apprenons, en effet, le soir de notre arrivée, que le bataillon est maintenu à Meverano jusqu'à nouvel ordre.

Séjour à **Meverano (5, 6 et 7 mai)**.

Quand je suis sorti de ma tente, ce matin, après une nuit d'insomnie due aux moustiques, le soleil brillait déjà très haut, les nuées d'oiseaux multicolores, perruches vertes, cardinaux rouges, perroquets gris, chantaient et s'envolaient à grand bruit d'ailes au milieu des manguiers touffus, et là-bas, dans la direction des dunes de sable qui bordent le fleuve, deux grands Somalis drapés de couvertures rouges portaient le cadavre blanc et rigide d'un soldat mort cette nuit.

. . . .

A Meverano, la vie est monotone, ennuyeuse, triste comme les grandes falaises blanches qui nous renvoient la chaleur du soleil, désolée comme le large fleuve rouge aux flots si boueux. La pêche heureusement vient fournir un dérivatif au spleen qui nous gagne; après la forte chaleur, nous allons nous asseoir au milieu des brousses vierges qui croissent le long de la rivière, et là, comme d'honnêtes bourgeois d'Asnières ou de Charenton, nous taquinons, non pas le goujon, mais un poisson aux nageoires piquantes, acérées, dangereuses même pour qui n'y prend pas garde. De temps à autre d'énormes caïmans viennent nous rendre visite; ils nagent doucement, sournoisement, laissant en dehors de l'eau juste l'os frontal et le bout du nez. Lorsqu'ils s'approchent trop près nous leur jetons des pierres, ils plongent alors et disparaissent dans un tourbillon d'écume blanche.....

Le surlendemain de notre arrivée à Meverano, le général Metzinger traverse ce poste; il vient de Maroway et va à Majunga au-devant du général Duchesne. Il nous donne, en passant, les ordres suivants : la 1re compagnie ira par les voies rapides (canonnières) renforcer la garnison de Maroway, les 2e et 3e se porteront sur cette

localité par voie de terre, la 4e restera provisoirement
à Meverano. Nous sommes enchantés de nous porter en
avant; en campagne, et surtout dans une campagne colo-
niale, l'inaction est le plus terrible des dangers.

De Meverano à Miadana (8 mai).

Nous partons de Meverano de bon matin. La colonne,
sous les ordres du colonel Barre, se compose de deux compagnies de légion, d'une compagnie de tirailleurs sakalaves
et d'un détachement du génie.
Le pays traversé est coupé
de très larges rivières qui roulent actuellement très peu
d'eau, mais qui sont absolument infranchissables pendant la saison des pluies. C'est
dans cette région que la colonne Metzinger s'est perdue,
il y a environ un mois, lors de
la première marche sur Maroway; le pays n'était alors
qu'un vaste marécage.

Ce matin nous avons croisé, pour la première fois, des
naturels du pays. Ils étaient au nombre de trois, un vieillard
et deux hommes d'une trentaine d'années environ. Ils
portaient tous les trois la longue sagaie et le lamba national.
Leur coiffure surtout a attiré mon attention. Elle se compose d'une multitude de petites nattes qui descendent
jusqu'aux épaules. Le Sakalave n'a du nègre que la couleur,
sa bouche est fine, son nez est droit, ses cheveux sont lisses,
sa tournure est élégante. Les trois malheureux que nous
rencontrons tremblent de tous leurs membres; ils crient
de toutes leurs forces, de peur d'être pris pour des Hovas :
« Sakalava, Sakalava ». Il est encore de très bonne heure
lorsque nous arrivons à Miadana.

Miadana. — Miadana est un joli village d'une cinquantaine de cases; il est entouré de quelques rizières et de quelques champs de manioc. Ma compagnie est campée dans la cour du temple protestant. Ce temple est une vaste case dans laquelle nous découvrons, au milieu de vieux parapluies et d'oripeaux de toutes sortes, une multitude de bibles anglo-malgaches estampillées au timbre de la *London missionary society*. En cherchant un peu mieux, nous trouvons, article plus substantiel que la prose anglaise, un adorable petit chevreau qui, malgré ses protestations, est livré au boucher de la compagnie.

D'après l'ordre de marche, la colonne doit passer la nuit à Miadana; cependant, le colonel Barre, voyant les hommes gais et alertes, décide qu'on ira, après la forte chaleur, camper à quelques kilomètres de là, sur le bord de l'Andranolave.

De Miadana au point **X** (8 mai).

La colonne se met en route après la sieste (3 heures); la chaleur est encore très forte; quelques hommes tombent au départ. Le pays traversé est d'un aspect très monotone, il se compose d'une série de rides parallèles qui s'étendent perpendiculairement à la route, très tristes avec leur uniforme teinte jaune, que les brûlures du soleil tachent parfois de noir.

Il est 6 heures, nous n'avons pas encore rencontré l'Andranolave. Les uns accusent la carte, d'autres disent que la boussole est folle, quelques-uns prétendent que nous sommes égarés; ces derniers ont raison. Nous nous sommes engagés sur un sentier secondaire en partant de Miadana, et personne, dans la torpeur du réveil, ne s'en est aperçu. Nous marchons encore une heure, mais la nuit force le colonel à arrêter la colonne. D'autre part, les tirailleurs sakalaves prétendent reconnaître, à certains indices,

la présence des Hovas; il est prudent de ne pas aller plus
loin.

Les tentes sont dressées sans bruit, et les avant-postes,
envoyés un peu au hasard en avant des quatre faces du
carré, se perdent dans l'obscurité profonde.

Notre dîner frugal et silencieux est vite achevé et bientôt,
à l'exception des sentinelles, tout le camp s'endort sous
l'immense ciel noir qu'illuminent maintenant des milliers
d'étoiles.

Du point X à l'Andranolave (9 mai).

Aujourd'hui, réveil à 6 heures. Trois bœufs sont abattus
à coups de fusil, la viande est immédiatement découpée
et distribuée. Le départ n'a lieu qu'à 7 heures, le colonel
veut s'orienter et marcher sur Ambohipiha à coup sûr. La
nuit a été calme, les patrouilles envoyées au réveil ne si-
gnalent rien de nouveau.

A 500 mètres du bivouac nous entrons dans une
forêt dont nous avons ignoré l'existence toute la nuit.
Heureusement elle est évacuée par les Hovas. Néanmoins,
les arbres fraîchement coupés, qui forment abatis en avant

de tranchées abandonnées, et les cendres encore fumantes des feux de bivouac, prouvent que l'ennemi ne doit pas être bien loin.

La marche sous bois est délassante et agréable, la voûte épaisse du feuillage tamise la lumière et la chaleur du soleil ; de toutes les plantes monte un parfum printanier qui enivre ; d'autre part, la possibilité d'une rencontre avec l'ennemi tient l'esprit éveillé, rend l'étape moins monotone..... Pourtant, de nombreux sapeurs du génie tombent et restent en arrière ; ils ont été surmenés dès le début de la campagne par la construction des routes, et la fièvre fait déjà parmi eux maintes victimes.

Il est 11 heures, nous avons quitté la forêt, et nous arrivons sur le grand plateau d'Ambohipiha, où la colonne s'arrête pour la grand'halte.

Ambohipiha est un important village militaire, brûlé il y a environ un mois par la colonne du lieutenant-colonel Pardes. Comme tous les villages hovas, il se compose de deux parties : le rowa et les dépendances. Le rowa, réduit de la défense en cas d'attaque, est entouré d'une haie de forts cactus, il servait de domicile au gouverneur et à la garnison.

Les dépendances s'étendent tout autour du rowa et abritent comme qui dirait la bourgeoisie de l'endroit. D'Ambohipiha il ne reste plus que des poutres noircies qui se dressent lamentablement indiquant encore la con-texture du village et l'alignement des rues.

En furetant au milieu des ruines, je trouve un trou à peine bouché dans lequel j'aperçois un morceau d'étoffe aux chatoyantes couleurs. Je fais creuser, pensant avoir découvert une cachette. Horreur ! ce trou est une tombe et le morceau de soie que je retire est le linceul qui recouvre le corps entièrement putréfié d'un jeune enfant.

Cette découverte me rappelle une conversation récente avec une personne très au courant des choses malgaches.

Les Hovas, paraît-il (et l'incident désagréable qui vient de m'arriver, le confirme), mettent une véritable coquetterie dans leur toilette funèbre. Les premières économies sont consacrées à l'achat du lamba mortuaire qui semble jouer à Madagascar le même rôle que le cercueil en Chine. L'homme est pour ainsi dire estimé à la valeur de son dernier vêtement, et beaucoup, qui de leur vivant n'avaient rien pour couvrir leur nudité, dorment leur dernier sommeil dans les plus riches étoffes.

Pendant la sieste, deux Sakalaves sont arrêtés par les petits postes. Ils transportent dans un hamac une femme

toute jeune et assez jolie. Interrogés par le colonel, ils déclarent que les Hovas ont forcé les populations à abandonner les villages, mais qu'elles sont prêtes à rentrer maintenant que les amis français sont arrivés. Eux-mêmes sont envoyés par leurs frères pour saluer le grand chef qui passe. Le colonel les encourage à persister dans ces bons sentiments, leur renouvelle l'amitié de la France pour les populations sakalaves et les renvoie avec mission de ramener, le plus tôt possible, les habitants chez eux. Il serait désirable que ce mouvement de retour s'accentuât, car nous manquons de coolies et l'alimentation des colonnes va devenir de plus en plus difficile à mesure qu'elles s'éloigneront de la base de ravitaillement.

La marche est reprise à 1 heure, nous suivons une vallée

tributaire de l'Andranolave où se concentre la chaleur du soleil. La colonne n'avance que très péniblement. Autour de nous d'immenses troupeaux de bœufs conduits par de grands diables noirs galopent à travers les hautes herbes et se sauvent à notre approche, tandis qu'un peu partout la fumée des feux de brousse monte très droite dans l'air très calme.

Nous arrivons à 6 heures sur les bords de l'Andranolave.

Passage de l'Andranolave (nuit du 9 au 10 juin).

L'Andranolave coule très encaissé entre deux berges sablonneuses. Pendant la saison des pluies, les eaux remplissent tout le lit de la rivière qui peut avoir de 7 à 8 mètres de profondeur. Maintenant les eaux sont relativement basses, surtout à marée descendante où la rivière est presque partout guéable.

Le bivouac est établi sur les bords de l'Andranolave, près d'un petit village dans lequel plusieurs habitants récemment rentrés reconstruisent leurs cases brûlées par les Hovas.

Les tentes sont à peine dressées que nous recevons l'ordre de les replier; la colonne s'arrêtera juste le temps nécessaire pour faire et manger la soupe, de façon à pouvoir traverser la rivière entre 10 et 11 heures du soir, moment où, par suite de la marée descendante, les gués sont praticables.

Jusqu'à 10 heures, nous nous débattons contre les moustiques, qui sont légions au bord de la rivière. Nous allumons de grands feux pour chasser ces désagréables bestioles, mais rien n'y fait, le bourdonnement agaçant, énervant, ne cesse un seul instant de résonner à nos oreilles. Je ne connais rien de plus fatigant, de plus douloureux que cette lutte contre des millions d'infiniment petits, formidablement armés pour leur taille, pénétrant les étoffes les plus serrées, lardant leur victime de mille piqûres venimeuses qui lui enlèvent sommeil et repos.

A 10 heures l'eau a suffisamment baissé pour permettre le passage. Les bagages sont chargés sur des pirogues, les mulets, tout bâtés, et les chevaux, tout sellés, traversent la rivière, tenus en main. Les hommes se déshabillent, mettent vêtements, armes, sac sur la tête et passent à la file indienne au milieu du gué.

Rien n'est plus saisissant que ce spectacle, éclairé par les grands feux de brousse et les torches de résine. On croirait assister à une scène infernale. Les hommes tout nus, grandis, rendus pour ainsi dire fantastiques par les lueurs rougeâtres qui déchirent l'ombre du ciel, gesticulent et crient dans les langues les plus variées, et les feux qui s'allument maintenant sur la rive opposée donnent au camp une telle profondeur qu'il parait s'étendre à l'infini. Et par-dessus tout cela c'est la mélodie triste du caïman et l'éternel bourdonnement des moustiques.

. . . .

Le passage est achevé à 11 heures et demie.

Marche de nuit sur Maroway (nuit du 9 au 10 mai).

Le colonel estime qu'il est trop tard pour camper, et décide qu'on va reprendre immédiatement la marche sur Maroway.

La colonne se reforme donc, et s'enfonce de nouveau en pleine brousse sur un étroit sentier qui ne livre passage qu'à un seul homme à la fois. Il faut même s'arrêter à plusieurs reprises et tailler un chemin à travers le fouillis des branches qui obstruent la route. Heureusement nous arrivons bientôt sur un plateau découvert où nous avançons plus librement. Néanmoins la fatigue est extrême ; nous marchons comme de véritables brutes, la tête vide, le dos plié, et toujours poursuivis par le bourdonnement agaçant de' milliers de moustiques, qui s'acharnent sur cette peau européenne à la saveur nouvelle.

Autour de nous, la nature, sous cette claire nuit des tropiques, prend un aspect bizarre, énigmatique. Les arbres que nous rencontrons, avec leurs longues branches maigres ressemblent à autant de fantômes qui se promènent processionnellement, et lorsqu'un oiseau de nuit, éveillé par le bruit de la colonne en marche, s'envole avec un grand cri sinistre, ou qu'un homme à moitié endormi tombe dans un cliquetis de ferraille, nous ne pouvons nous empêcher de frissonner.....

6 heures du matin ! le jour commence à poindre, la marche devient plus facile, nous traversons plusieurs villages qui semblent abandonnés.

. . . .

9 heures ; nous sommes tout près de Maroway. Nous franchissons une série de retranchements hovas littéralement labourés par nos obus. Le terrain que nous parcourons est crayeux et dénudé, l'air que nous respirons exhale un vague parfum de pourriture et de cadavre. De loin en loin,

d'ailleurs, les charognards et les corbeaux s'abattent par vols dans la plaine, en poussant de grands cris.....

10 heures du matin. Nous entrons dans le village sakalave de Maroway; il se compose d'une seule rue, longue d'environ 2 kilomètres, bordée de maisons à l'aspect misérable, mais ombragées par de superbes manguiers. Quelques habitants sont rentrés; ils ont pavoisé leurs maisons de drapeaux français. Les troupes ennemies ne doivent pas être bien loin, car on entend distinctement des feux de salve à moins de douze kilomètres dans les grands marais qui s'étendent à notre gauche.

Après avoir traversé le village sakalave, nous contournons le rowa en suivant une belle allée de manguiers. La végétation est magnifique; les bananiers aux larges feuilles, les citronniers, les lataniers, les rafias se pressent au bord d'un ruisseau le long duquel des tirailleurs algériens font leur prière matinale. Nous ne tardons pas à atteindre le chemin qui conduit au rowa, et nous terminons cette marche de vingt-six heures par une grimpette de cinquante mètres qui achève les plus vaillants.

Pour ma part, dès que ma section est installée, je me jette sur mon lit de camp, et, malgré la grosse chaleur, je m'endors à poings fermés.

Séjour à Maroway (du 10 au 17 mai).

J'ai la fièvre! Pendant le jour, lorsque le service me laisse quelques loisirs, je me couche sur mon lit de camp, au milieu de grandes herbes, à l'ombre d'un haut manguier, dans le feuillage duquel le soleil jette une multitude de perles d'or scintillantes.

Je reste là quelques instants, anéanti, sans pensées, éveillé sans l'être; puis je m'endors d'un sommeil lourd, d'un sommeil plein de rêves affreux.

Lorsque, le soir, une fraîcheur relative vient me rendre à la vie, je m'éveille tout en sueur, frissonnant, sans force, la figure plus pâle, les yeux plus creux.

Puis, c'est la nuit!..... Oh quel cauchemar! que ces longues nuits tièdes, que ces longues nuits tristes, dont le majestueux silence est sans cesse troublé par la fanfare des moustiques, les plaintes des hommes qui souffrent, et les grands gémissements des caïmans qui ressemblent à de longs sanglots!

. . . .

Le service que nous avons à faire à Maroway est pénible, monotone, ingrat. Presque toute la journée sous le grand soleil, à la réverbération aveuglante de la rivière, les hommes déchargent des lourds chalands mille caisses de toutes sortes. Dussé-je vivre très longtemps, je le verrai toujours ce vieux port de Maroway, cet enfer terrestre d'où montait comme un cri de souffrance, un râle d'agonie; je les verrai toujours ces braves légionnaires, ces forçats du devoir, déjà très éprouvés par la fièvre, mais toujours debout, vaillants, forts.

. . . .

Aujourd'hui, 13 mai, bonne nouvelle! Nous quittons

Maroway ce soir à 4 heures pour aller camper de l'autre côté de la rivière. Notre bataillon est chargé d'exécuter un mouvement tournant pour couper la retraite à des groupes ennemis (environ 2.000 hommes) qui sont établis devant la colonne Pardes à Amboudimonti.

. . . .

Je suis encore à Maroway. Le colonel Oudri, en voyant ma démarche chancelante et ma mine de papier mâché, n'a pas voulu me laisser partir. « Reposez-vous cette nuit dans un bon lit, m'a-t-il dit ; demain matin vous partirez avec moi à cheval et vous rejoindrez la colonne sans fatigue. » J'ai pris un gramme de chlorhydrate de quinine, et là-dessus j'ai dormi à poings fermés douze heures de suite. Lorsque je me suis réveillé, le colonel était parti et avait donné l'ordre de me laisser reposer pendant quelques jours, jusqu'au départ du bataillon de tirailleurs algériens. Le tour était bien joué.

Cette seconde partie de mon séjour à Maroway est beaucoup plus agréable que la première. La fièvre a disparu, je n'ai pas encore les jambes très fortes, mais j'ai la tête complètement libre. Je passe d'excellentes nuits à l'abri d'une bonne moustiquaire dans un lit d'hôpital bien moelleux. Je fais une promenade le matin et le soir avant et après la chaleur.

Aujourd'hui en rentrant de mon tour quotidien, j'ai aperçu dans la cour du rowa un groupe de prisonniers ennemis. Ils étaient là une quinzaine d'hommes, quelques femmes et plusieurs enfants. Rien ne peut donner idée de la décrépitude physique de ces pauvres bougres. Leurs grosses têtes roulaient sans force sur de longs cous maigres au bout de corps osseux et efflanqués. C'était une véritable procession de squelettes, effrayante et navrante.

15 *mai*. — Hier soir, en rôdant du côté du télégraphe optique, j'ai appris la nouvelle du combat d'Ambodimonti. La colonne Pardes s'est, paraît-il, heurtée à des groupes en-

nemis importants d'une façon tout à fait inattendue. Les
tirailleurs sakalaves gravissaient une colline en colonne de
route; sur le versant opposé les troupes hovas opéraient la
même ascension. Les deux avant-gardes se sont heurtées sur
la crête. Le combat a été très vigoureusement mené par les
tirailleurs sakalaves; ils se sont jetés à la baïonnette sur
les Hovas, qui ont laissé plus de deux cents des leurs sur le
terrain. De notre côté, il y a eu quinze blessés dont un
officier, le lieutenant Forestoul. Il est tout à fait regrettable que le choc ait eu lieu avant l'arrivée de la colonne
Oudri; sans ce contretemps aucun ennemi n'aurait échappé.

..... Dans la journée, les blessés d'Ambodimonti arrivent
à Maroway; quelques-uns, touchés très grièvement, sont
portés sur des brancards; les autres, plus légèrement atteints, marchent allègrement à pied, couverts de bandages
blancs qui tranchent très net sur leur peau si noire.

Aujourd'hui, en attendant l'heure d'audience du général
Duchesne, je me suis promené dans le village malabar de
Maroway. Ce quartier indou est certainement de Maroway
ce qui mérite le plus le nom de ville; ses ruelles étroites
et perpendiculaires ressemblent un peu à celles de Majunga; elles sont bordées de magasins bas et sombres et
regorgent d'une marmaille jaune et noire qui leur donne un
aspect des plus pittoresques.

Je suis particulièrement frappé de la beauté des enfants
malabars. Avec leur teint légèrement cuivré, leurs belles
joues rondes et leurs grands yeux noirs si veloutés, ils paraissent réaliser le type enfantin idéalisé par le peintre ou
le sculpteur. En revanche, les hommes sont fort laids; ils
sont presque tous maigres, désossés; leurs pommettes sont
saillantes, et leur visage est entouré d'une barbe noire, longue et clairsemée qui achève de rendre leur tête de juif
peu sympathique.

Les Malabars sont les véritables sémites de Madagascar;
ils en ont le type accentué et la moralité douteuse. Lorsque

l'on rencontre dans les rues de Maroway quelques-uns de ces intéressants parasites avec leur petite toque brodée et leur longue gandoura blanche, agitant des bras démesurément maigres et causant chiffres, on a réellement envie de leur sauter au cou en les appelant Isaac, Salomon ou Mardoché. Comme les enfants d'Israël, les Malabars forment une caste absolument fermée ; ils se sont établis en pays sakalave, à Majunga, Maroway, Mevetanana, où ils ont trouvé des populations primitives qui échangent la poudre d'or contre les mauvais tissus d'origine anglaise ; mais ils n'ont jamais pu s'installer chez le Hova plus intelligent et presque aussi retors qu'eux. « Quels vilains insectes ! » disait avec dégoût mon brave ami T., en contemplant quelques échantillons de la race..... Pas flatteuse, son appréciation, mais combien exacte !

Le général Duchesne habite une grande maison en bois avec balcon et véranda ; je suis introduit auprès de lui par un de ses officiers d'ordonnance, le capitaine Duchâtelet.

Notre grand chef est d'une taille un peu au-dessus de la moyenne ; son corps, un peu voûté, témoigne des fatigues endurées au Tonkin et à Formose. Ce qui frappe au premier abord dans sa physionomie, c'est l'expression, profondément énergique et tenace ; on se sent immédiatement en face d'une volonté de fer. Le général me congédie rapidement après m'avoir assuré de sa bienveillance en quelques phrases empreintes de la plus grande cordialité.

Départ de Maroway (17 mai).

Aujourd'hui, le bataillon de tirailleurs quitte Maroway ; nous traversons la rivière sur des chalands, et nous allons nous installer deux kilomètres plus loin, en attendant le passage des mulets et des bagages.

Le terrain sur lequel nous nous trouvons est extrêmement marécageux. Sous l'influence du soleil, une buée

chaude s'élève et nous maintient dans une douce moiteur
Est-ce cette température insupportable, est-ce la puanteur
des marais ou les lenteurs de la marche, je ne saurais le
dire, mais nous sommes tous d'une humeur massacrante.

Dans le camp les hommes sont énervés, des disputes éclatent de tous côtés ; des bordées de : « Hallouf, beni-kelb !... »
etc., et autres aménités dont le vocabulaire arabe est si
riche, montent dans l'air, indiquant bien nettement l'état
d'esprit ambiant.

Après le déjeuner, je me mets à la recherche d'un endroit
plus ombragé et moins humide. Je ne tarde pas à découvrir, à quelques centaines de mètres du bivouac, un tout
petit village sakalave. Je m'étends sur une natte à l'ombre
d'une case, et je reste ainsi jusqu'à 2 heures, très égayé
par les jeux de quelques marmots, noirs comme l'ébène,
avec de grands yeux ronds tout blancs.

A 2 heures, je pars avec le capitaine Pillot, qui va reconnaître l'emplacement du bivouac, situé à environ quatre
kilomètres. Le chemin que nous suivons est ombragé par
de beaux arbres ; il traverse plusieurs villages, dont l'un
est complètement brûlé ; l'incendie ne s'est pas contenté
d'anéantir les cases, il a gagné la brousse et fait table rase
sur un espace de plusieurs centaines de mètres ; de nombreux serpents de toutes les tailles, de toutes les espèces

ont été surpris par les flammes et gisent lamentablement sur le champ de carnage.

Nous ne tardons pas à arriver au gîte d'étape, situé non loin d'un petit village nommé Ampalamanga, sur les bords d'un ruisseau.

Malgré son faible débit, ce ruisselet est, paraît-il, infesté de caïmans ; pour éviter tout accident, les hommes doivent, pour puiser de l'eau, fixer leurs seaux à l'extrémité d'une perche.

Mes bagages ayant suivi le bataillon de légion, je m'abrite ce soir sous la tente de mon camarade de G..., et je m'allonge sur un brancard d'ambulance qui me casse les reins, mais qui m'isole de cette terre humide, suintant la fièvre et les rhumatismes.

D'Ampalamanga à Marolambo (18 mai).

L'étape d'aujourd'hui a environ une quinzaine de kilomètres. Le sentier que nous suivons court à travers de grandes plaines couvertes de brousse, coupées çà et là par de petits ruisseaux, aux bords desquels des bouquets de lataniers et de bananiers offrent pendant quelques instants une ombre protectrice. Au cours de l'étape, nous rencontrons un petit village dont les maisons sont surmontées de drapeaux tricolores. Quelques indigènes travaillent à décortiquer le riz ; ils nous saluent du cri de : « Sakalava, Sakalava ! »

Nous atteignons Marolambo d'assez bonne heure ; nous passons à côté du bivouac des chasseurs à pied, et nous nous installons à côté de deux compagnies du 3e tirailleurs algériens.

Marolambo possède une quarantaine de cases ; c'est un joli village coquettement assis au bord de la Betsiboka. Des manguiers, des lataniers, des bananiers de toute beauté et un fouillis extraordinaire des plantes les plus variées entourent le village d'une ceinture superbe et malsaine.

A Marolambo la vie est très active ; malgré le soleil, qui
commence à envoyer ses rayons plus brûlants, tout un peuple noir s'agite autour des petites cases de lataniers.

Là, ce sont de grands diables qui étendent sur des nattes
de rafia leur récolte de bananes ; c'est un cercle de joueurs
hurlants et passionnés. Plus loin, ce sont des femmes qui
décortiquent le riz, maniant avec aisance le lourd pilon de
bois, sans souci des protestations acharnées de petits rejetons noirs ficelés sans façon sur leur dos, et à l'ébahissement amoureux des bons tirailleurs, qui coulent des yeux
très doux sur leurs formes bien arrondies, que ce dur travail avantage encore

Bacca, roi de Marolambo (19 mai).

Imaginez-vous un homme grand, maigre, possédant une
longue chevelure qui tombe en petites nattes sur des
épaules osseuses, doué d'une paire de bras décharnés et
d'une figure grimaçante, le tout enveloppé d'un lamba
multicolore, au demeurant un personnage assez grotesque :
c'est le roi Bacca.

Aujourd'hui, à 3 heures de l'après-midi, Bacca se diri-
geait à grandes enjambées vers la Betsiboka. A deux cents
mètres derrière, un groupe d'officiers, dont moi, suaient,
soufflaient sans parvenir à rattraper l'altesse. Bacca nous
avait invités à visiter ses propriétés, et notre curiosité de

nouveaux débarqués nous entraînait à cette allure rapide à une heure où tout honnête européen doit jouir en paix des bienfaits de la sieste.

Au bout de quelques instants nous atteignons la Betsiboka, puis nous tournons à gauche, longeant ainsi les rives du fleuve, bordées de larges bandes sablonneuses sur lesquelles d'énormes caïmans, masses inertes, reposent au grand soleil.

Bacca bondit au milieu de la brousse; son grand corps efflanqué paraît et disparaît derrière les lataniers et les herbes sauvages; quant à nous, qui n'avons point des jarrets sakalaves, nous commençons à nous regarder très inquiets; malgré nos guêtres, des milliers d'épines nous piquent horriblement et le soleil ne nous a jamais paru si chaud.

Enfin, nous apercevons un groupe de cases auprès desquelles Bacca souriant nous attend. Je croyais trouver un palais, hélas! il faut en rabattre! Deux mauvaises cagnias de bambous recouvertes de feuilles de lataniers, et construites sur pilotis, car le sol est légèrement marécageux, représentent les appartements du chef sakalave; à gauche une petite place très ombragée; à droite un joli bois de bananiers qui descend en cascades vertes jusqu'à la Betsiboka.

Sur la place, quelques enfants, après avoir eu une grosse frayeur des wasahas, se rapprochent et se familiarisent même jusqu'à demander : « Quatre sous!... quatre sous! » tandis qu'un brave homme entouré de deux ou trois femmes se fait enduire les cheveux d'une matière grasse destinée à faciliter la confection des mille petites nattes qui composent la coiffure sakalave. Bacca nous explique, tant bien que mal, que ce travail dure au moins la course du soleil, mais qu'il n'a lieu que tous les deux ou trois ans. D'où nous concluons immédiatement que la tête d'un sakalave doit être le paradis des parasites de toutes sortes.

Nous entrons, cependant, dans les cases royales. Oh! ce n'est pas luxueux! A terre quelques nattes, dans les coins quelques jarres et bouteilles vides, un lit formé de quatre piquets recouverts d'un clayonnage, composent tout l'ameublement.

Bacca nous présente sa famille ; il nous dit que ses filles seraient très heureuses de faire avec nous plus intime connaissance, et il ajoute tout bas : « Pas cher, une piastre ». Horrible! n'est-ce pas ? Notre mine est atterrée ; et pourtant il n'y a pas de doute, car le négro couronné, enchanté de l'effet produit par ses paroles, effet qu'il attribue à l'excès d'honneur, répète tout heureux : « Jolies, pas cher... Jolies, pas cher », tandis que ces demoiselles, les yeux pudiquement baissés, attendent l'âme sœur qui va les entraîner sous la moustiquaire.

... Hélas, il n'y a pas d'enthousiasme. Nous faisons comprendre à Bacca, avec tous les ménagements dus à une majesté, que nous sommes très sensibles à l'honneur qu'il veut bien nous faire, mais que ... la chaleur, la fatigue, l'essoufflement de la course, etc., etc., nous enlèvent les moyens d'initier les princesses ses filles aux mille roueries de la galanterie française...

Bacca nous regarde d'un air de profonde commisération, en grimaçant avec sa lèvre inférieure une formidable moue ; puis il nous emmène dans son bois de bananiers, où il nous offre, moyennant finance, quelques régimes bien jaunes dont les fruits très mûrs sont savoureusement exquis.

Lorsque nous repartons pour Marolambo avec une illusion en moins, la grande chaleur est tombée. Sur les bords de la Betsiboka les gros caïmans se réveillent tout doucement ; dans les arbres, dans les brousses, les oiseaux, les lézards, les serpents, les insectes chantent, sifflent et bourdonnent ; partout l'animation de la vie a remplacé le silence de la nuit.

En rentrant au camp, j'apprends avec joie qu'un détachement de la légion et deux compagnies du 3ᵉ tirailleurs allant à Androtra demain, il me sera possible de rejoindre ma chère légion.

De Morolambo à Androtra (20 mai).

Étape longue, chaude et très monotone..... Les grands plateaux dénudés succèdent aux grands plateaux dénudés, le terrain est pierreux et inculte.

Dans la solitude de ces immenses steppes arides et mortes, la colonne marche silencieuse, morne.

De temps à autre, un homme épuisé tombe, et son casque, ses effets blancs se confondent presque avec le blanc poussiéreux de la terre.

Heureusement, nous atteignons enfin la forêt, où nous retrouvons, avec joie, ombre, fraîcheur et eau.

Ce matin, notre colonne est suivie par une multitude de guerriers sakalaves, armés jusqu'aux dents, et vêtus, pour ceux qui portent costume, des étoffes les plus voyantes. Ils sont sous les ordres de Bacca, qui — noblesse oblige — plie sous le poids des sagaies et des poignards. Il est vraiment comique, ce grand nègre, avec son accoutrement vert et rouge ; il jette une note drôle au milieu de nous tous ; il ressemble à un de ces perroquets multicolores qui s'envolent partout en poussant de grands cris, dans les fouillis de l'immense forêt qui nous abrite.

Il est 11 heures du matin. Nous sommes tout près d'Androtra, mais nous n'avançons que très péniblement, tant les fourrés deviennent impénétrables. En l'absence de tout chemin, nous sommes obligés d'employer le lit de la rivière, et le dernier kilomètre est franchi dans l'eau jusqu'à la ceinture, sous un tunnel de verdure, au milieu des oiseaux aquatiques et des grands caïmans, qui nous regardent passer, effrayés par tant de bruit.

Nous traversons vite Androtra, modeste village d'une dizaine de cases, et nous atteignons le grand plateau, où campe l'avant-garde du corps expéditionnaire. Je suis reçu à bras ouverts par mes camarades, et j'apprends avec plaisir que, demain, nous marchons sur Trabondjy, où un parti hova est signalé.

D'Androtra à Mangabé (21 mai).

Aujourd'hui, réveil à 3 heures du matin; il fait nuit noire. Ma section est en avant-garde de la colonne; je marche donc en tête avec M. Bénévent, officier de rensei-gnements, et un immense Sakalave, gigantesque nègre qui n'en finit plus.

Une figure bizarre et bien sympathique que celle de Bénévent; ancien saint-cyrien, ancien officier, il a donné sa démission pour suivre une vocation plus active, plus aventureuse qui l'entraînait vers les colonies; agent de la maison Suberbie, il vit en plein Boéni depuis sept ans, au milieu des populations sakalaves, le fusil au poing et constamment en alerte. Dès que l'expédition fut résolue, il vint mettre son épée et son expérience des choses malgaches au service de son pays, et tous ceux qui le connaissent sont unanimes à l'apprécier comme un homme de cœur, de discipline et de dévouement.

Le passage de la rivière d'Androtra s'effectue tant bien que mal; mais, dès que nous arrivons en forêt, les diffi-cultés commencent. Le sentier que nous suivons, bordé de béantes fondrières, est très étroit; les hommes marchent les uns derrière les autres et sont obligés de se tenir par la main pour ne pas s'égarer. Malgré ces précautions, la nuit est si noire, le chemin si mauvais, qu'à chaque instant la colonne se rompt en plusieurs tronçons; ce sont alors des cris, des appels, des jurons, qui se croisent sinistres dans la grande forêt, où les lueurs tremblotantes des falots errent comme autant de feux follets.

Bientôt, cependant, le ciel s'éclaircit, et la marche devient moins pénible ; nous avons quitté la forêt, le sentier court maintenant dans une grande plaine au milieu d'une brousse géante qui étouffe.

Le colonel Oudri et le capitaine Boé sont venus me rejoindre à l'avant-garde ; nous dissertons à perte de vue sur ce que sera la journée d'aujourd'hui ; nous opinons tous pour une rencontre, car les traces des Hovas deviennent nombreuses et paraissent récentes.

Maintenant, il fait grand jour. D'une petite hauteur où je suis arrivé, la colonne offre un aspect extrêmement curieux avec ses trois bataillons et sa batterie d'artillerie qui s'avancent à la file indienne, sur une profondeur considérable. Toutes les sinuosités, les lacets du chemin sont indiqués par une ligne de casques blancs qui émergent et ondulent à travers la brousse comme les anneaux d'un long serpent, d'une tarasque gigantesque.

Nous ne restons pas longtemps en plaine ; voici déjà devant nous la forêt de Mangabé, avec son parterre rougeâtre bosselé et craquelé de fondrières. Nous avançons avec une extrême prudence, car les émissaires sakalaves prétendent que la forêt est occupée par l'ennemi. Nous arrivons cependant sans incident à la lisière du bois ; j'allais la franchir, lorsque je me trouve subitement en présence d'une dizaine de soldats malgaches, qui, à ma vue, fuient vers une petite hauteur dominant l'issue de la forêt à moins de cent mètres. Avec ma lorgnette, je contemple ce premier échantillon de l'armée de Ranavalo.

Pas grands, mais bien bâtis, les soldats que nous avons devant nous sont coiffés d'un immense chapeau de paille, vêtus d'une grande pièce d'étoffe blanche appelée lamba, armés d'un fusil pas trop extravagant quant aux formes ; en somme équipement passable, assez bonne tenue.

Ne sachant pas si la crête est occupée sérieusement, j'arrête ma section et la déploie à l'abri des derniers arbres en attendant les ordres.

Le général Metzinger arrive à la lisière, prescrit au capitaine Bulot de déployer toute sa compagnie et d'aller prendre position sur la hauteur.

Nous débouchons de la forêt en pleine brousse ; les Hovas disparaissent ; nous arrivons sur la colline, ils sont déjà loin ; ils courent à toutes jambes, au nombre d'une cinquantaine, au milieu des immenses rizières qui nous séparent de Trabondjy - Mahatambo.

« Feux de salve. — A huit cents mètres... Joue... Feu ! »

Un bruit terrible, répété mille fois par l'écho, emplit la vallée entière. La fuite des Hovas se change en course folle ; ils jettent tout : fusils, bagages, sacs de riz, pour courir plus vite. Et les salves continuent toujours, peu meurtrières, mais combien effrayantes si l'on en juge par les cabrioles, les sauts périlleux exécutés par les pantins blancs chaque fois que la rafale des balles arrive jusqu'à eux.

A Mahatambo, la fusillade à donné l'éveil ; le rowa, qui dressait sa masse verte pareille a une gigantesque termitière abandonnée, se couvre maintenant d'une multitude de points blancs qui sortent de partout, petits êtres bizarres qui courent affolés, paraissent, disparaissent. Et, par-dessus la vallée, une rumeur, un bourdonnement de ruche vient jusqu'à nous.

Mais, il est tard, il fait chaud, Trabondjy est encore loin. Ordre est donné de s'arrêter sur la grande colline brûlée et nue.

Le convoi n'est pas arrivé : pas de vivres, pas d'abris. Je m'endors harassé sous le grand soleil de midi. Qui dort dine !..
....

Il est 4 heures. Nous descendons dans la vallée ; en dépit des ponceaux installés par le génie, nous barbotons jusqu'au ventre dans le marécage des rizières. Il fait nuit lorsque nous atteignons une sorte d'îlot solide où le colonel Barre établit le campement. Tout autour de nous, un brouillard épais monte pénétrant et froid, un brouillard qui sent le marais et la fièvre.....

Il est tard : toujours pas de convoi ; nous mangeons un peu de riz abandonné par les Hovas et nous nous étendons sur la terre, légèrement boueuse, où la fatigue ne tarde pas à nous terrasser.

De Mangabé à Trabondjy (22 mai).

Ce matin, je me réveille moulu ; heureusement, l'étape ne sera pas longue : deux ou trois kilomètres à peine nous séparent de Trabondjy. Je ne sais si les Hovas ont l'intention de résister dans le rowa de Mahatombo ; cela me paraît peu probable, la colonne n'ayant pas été inquiétée cette nuit ; je suis d'ailleurs à l'arrière-garde, peu m'importe.

Les deux kilomètres qui nous séparent de Trabondjy sont extrêmement longs et pénibles à franchir. Le sentier, à peine tracé, grimpe le long des pentes abruptes et boisées, les mulets butent à chaque instant dans de vieux troncs d'arbres, tombent et sèment leur charge tout le long de la route.

Il est 10 heures du matin lorsque nous arrivons sous le mamelon de Trabondjy-Mahatombo. La colonne est déjà installée au bivouac. Comme je le prévoyais, les Hovas ne nous ont pas opposé de résistance. Néanmoins, ils n'ont quitté la position qu'au moment de l'arrivée de nos troupes.

Le bivouac de notre colonne, établi dans une grande plaine ensoleillée où quelque chétifs lataniers projettent seuls une ombre anémique, offre l'aspect le plus étrangement pittoresque qu'on puisse imaginer. Ici, c'est une pyramide noire et blanche, un énorme autodafé d'où émergent les petites queues tirbouchonnées et les museaux légèrement rosés de mille petits cochons de lait, seules victimes de cette mémorable journée ; là, ce sont des monceaux d'oies, de poulets, de dindons, de canards, attachés les uns aux autres par des cordes de rafias et protestant, par les *couains couains* les plus énergiques, contre le sans-façon des Wasahas; enfin, un peu partout dans la grande plaine, ce sont des groupes de trois, quatre hommes qui organisent des battues contre les égarés, les isolés, et de temps à autre des cris de triomphe retentissent annonçant le meurtre d'un nouveau cochon, la capture d'un autre poulet.

Après m'être restauré et réconforté par un excellent repas, je visite le rowa fortifié de Mahatombo. La position est très forte, et, certes, si l'ennemi avait su l'utiliser, nous aurions pu avoir du mal à nous en emparer.

Dans le rowa, les Malgaches ont abandonné de nombreux blessés ou malades. Ces pauvres hères font pitié; les plaies les plus atroces rongent leur corps amaigris; la gangrène, la lèpre se disputent ces squelettes encore vivants qui exhalent déjà une odeur de pourriture. Je fuis vite cette vision de mort.....

En regagnant le camp, je fais la rencontre des réjouis-

sants guerriers de Bacca ; réjouissants toujours, mais combien changés cependant : la tête basse, dépouillés de tout
leur arsenal de couteaux et de sagaies. Ils ont été désar-
més par ordre supérieur pour tentative de meurtre et de
pillage pouvant porter atteinte au bon renom de l'armée
française. En outre, ils ont reçu l'ordre de regagner leurs
pénates dans les plus brefs délais. Adieu rêves dorés,
adieu fortunes entrevues par les belles nuits équatoriales,
sous les manguiers géants de Marolambo!

. . . .

En rentrant au camp, j'y remarque une agitation inac-
coutumée ; j'en ai vite l'explication.

Le général Metzinger, sachant que les Hovas n'ont sur
nous qu'une demi-journée d'avance, a prescrit au bataillon
de légion de constituer une compagnie montée avec tous
les mulets disponibles du convoi, et de se lancer à la poursuite de l'ennemi. Cette compagnie, sous les ordres du
capitaine Perrot, avec Burchard et Grégory comme lieute-
nants, va partir dans quelques instants. Rien de pittoresque
comme ce départ. Les mulets, qui sentent qu'on exige d'eux
un nouvel effort, montrent la plus mauvaise volonté. Ils
s'arrêtent, ruent, refusent d'avancer, tandis que leurs
malheureux cavaliers, pas très enthousiastes non plus de

cette chevauchée nocturne, les injurient dans les langues les plus diverses..... Tout disparaît enfin au milieu d'un gros nuage de poussière, le camp retrouve son calme.....

Maintenant la nuit tombe, une nuit très noire avec des milliers d'étoiles scintillantes.

Séjour à Trabondjy (du 23 au 26 mai.)

23 mai. — Aujourd'hui, 23 mai, nous déplaçons notre camp de quelques centaines de mètres, pour l'établir sur le mamelon de Trabondjy, à l'ombre des grands manguiers. De ce nouvel emplacement nous jouissons d'une vue superbe sur la plaine et sur les collines de Mangabé, qui émergent de la buée tremblotante que transpire une terre surchauffée.

Dans le courant de la journée, un certain nombre de mulets sans cavaliers et de cavaliers sans mulets rentrent au camp. Les hommes, éreintés, racontent qu'il y a eu pendant la nuit une panique générale parmi les animaux, panique ayant entraîné séparation de corps entre bon nombre de cavaliers et de montures. Ces dernières rentrent au bivouac très guillerettes; quant aux légionnaires, ils sont bien un peu penauds, mais contents, quand même, de retrouver la tranquillité après une telle alerte.

24 mai. — Je viens de passer une nuit particulièrement mauvaise, grâce aux moustiques et aux fourmis rouges. Ces dernières surtout m'ont fait beaucoup souffrir. Lorsque je me suis éveillé, ma tête et mes cheveux étaient rouges et mon corps était tout meurtri par le feu de ces milliers de piqûres. J'ai eu beaucoup de peine à me débarrasser de ces hôtes encombrants, et de la nuit je n'ai pu retrouver le sommeil.

A Trabondjy, le calme est toujours très grand; nous passons la journée à boire des citronnades et à manger des bananes frites, à l'ombre des grands manguiers..... Cepen-

dant, vers 3 heures, en pleine sieste, nous avons été
tirés de notre douce quiétude par une alerte d'incendie.
La brousse avait pris feu en avant de notre bivouac, et,
poussées par une brise légère, les flammes atteignaient
déjà la première ligne de tentes lorsque l'alarme a été
donnée. Tout le monde s'y est mis, et, à l'aide de branches
d'arbres, le feu a été rapidement éteint. C'est une chance,
car, dans les pays intertropicaux, les incendies de brousse
sont généralement terribles ; le feu, alimenté par des herbes
sèches et épaisses, fait souvent table rase sur plusieurs
kilomètres, anéantissant tout sur son passage.

25 mai. — Ce soir, vers les 6 heures, la petite colonne
du capitaine Perrot rentre au camp au milieu du vacarme
le plus assourdissant et le plus pittoresque qu'on puisse
rêver. Les mulets, heureux de sentir le paddi et l'orge, se
livrent à une véritable débauche musicale, et, sans doute
pour mieux prouver leur joie, font mille gambades qui

amènent immédiatement les protestations indignées des volatiles de toute sorte ficelés sans façon sur leur dos. Pour compléter ce charivari indescriptible, quelques hommes battent avec rage sur des tambours de guerre abandonnés par l'ennemi, et là-bas les coolis zanzibars, réveillés de leur torpeur habituelle par tant de bruit, se mettent à danser une danse étrange, entremêlée de cris sauvages, sous la lumière d'une lune très blanche dans un ciel très noir.

26 mai. — C'est demain que nous quittons Trabondjy; nous devons aller camper à Ambato, où les chasseurs à pied sont entrés sans encombre, hier matin.

Aujourd'hui, vers les 4 heures du soir, le 3e bataillon de tirailleurs est arrivé à Trabondjy. Cet infortuné bataillon, déjà fort éprouvé par la mission d'extrême avant-garde qu'il a vaillamment remplie pendant les pluies du mois d'avril, vient d'être complètement désorganisé par un incendie de brousse.

Le feu a pris à son bivouac avec une violence extrême; les flammes ont tout détruit, tentes, bagages, fusils; elles ont même brûlé un certain nombre de mulets qui n'ont pu rompre leurs chaînes. Les hommes seuls ont eu le temps de se sauver dans le costume où ils étaient, c'est-à-dire presque nus. On les a rhabillés avec les ressources locales. Inutile de dire combien, sous ces accoutrements panachés, nos braves tirailleurs sont réjouissants et piteux tout à la fois.

Ce soir, au moment de dîner, notre cuisinier Pagnard, toujours à la maraude, nous a rapporté, dans son béret, une adorable nichée de petit canards; il a l'intention de leur faire suivre nos pérégrinations, de les élever et de nous constituer ainsi une réserve vivante pour les jours de disette. Brave Pagnard !.....

De Trabondjy à Ambato (27 mai).

Toute petite étape, aussi monotone qu'elle est petite :
de la brousse jaune, toujours de la brousse jaune, çà et là
quelques rizières bien vertes, le tout sous un ciel bleu,
d'un bleu foncé, sans taches.

En arrivant aux environs d'Ambato, le pays se relève et
se couvre d'une belle végétation. Le sentier que nous suivons, très ombragé, court pittoresquement à flanc de
coteau, dominant le cours d'une Betsiboka éternellement
rouge et sale. A notre gauche, nous laissons de nombreux
ouvrages fortifiés que les Hovas ont abandonnés sans combat lors de l'arrivée des chasseurs à pied.

Nous traversons Ambato, grand village sakalava, très
pittoresque avec ses nombreuses cases perdues dans le
fouillis vert des bananiers et des lataniers, très animé par
une foule de majestueux Sakalavas, de Comoriens bariolés,
d'enfants des deux sexes, qui roulent, au milieu d'éclats de
rire frais et jeunes, leur nudité gracieuse sur le sol blanc
et poussiéreux.

Le camp est établi en dehors du village, sur les bords
d'un ravin broussailleux, à l'ombre d'arbres énormes et
très touffus.

Séjour à Ambato (du 27 mai au 2 juin).

A Ambato, la vie est calme. On dort, on mange, on boit,
on se promène et... l'on se rendort.

Le matin, de bonne heure, et le soir, après la sieste, il
est de bon ton de se rendre au port d'Ambato. C'est une
promenade charmante et pas banale. Pendant deux kilomètres, on traverse un pays tropical jusqu'à l'exagération,
avec ses brousses énormes et touffues, d'où surgissent les
bananiers verts et jaunes, les cannes à sucre, les goyaviers,
les lataniers et les manguiers.

Toute cette végétation, sous une formidable poussée de

sève, croît avec une rare vigueur dans ce terrain fait de végétaux pourris qui exhalent une âcre odeur de marais.

Quelquefois, enfouie parmi des fourrés, on a la rapide vision d'une hutte sakalave devant laquelle grouillent, au milieu des calebasses, des poules et des cochons, les inévitables marmots noirs aux grands yeux, aux tignasses crépues.....

Tout à coup, le pays se découvre : c'est le confluent de la Betsiboka et du Kamoro. Les deux énormes rivières se rencontrent, se pénètrent dans un tourbillon d'écume que le chaud soleil colore des nuances de l'arc-en-ciel, parmi les scintillements blancs et aveuglants que reflète le reste de la masse d'eau. Sur les îlots de sable qui émergent çà et là, de nombreux caïmans chauffent au soleil leurs écailles rugueuses.

On dirait, à les voir si immobiles, bien plutôt des souches charriées là par le courant que des êtres vivants. Mais, lorsqu'on s'approche très près, leur masse visqueuse s'anime un peu, leur énorme tête de gigantesque lézard oscille doucement comme sous l'action d'un formidable effort et leur petit œil gris s'allume méchant.....

A part ces distractions toutes champêtres, Ambato possède aussi, pour nous sauver de l'ennui, une adorable petite reine, aussi indépendante, légère et folle qu'elle est mignonne..... Et le diable est que la jeune Majesté possède une multitude de sœurs, de cousines, de demoiselles d'honneur, toutes indépendantes, légères et folles comme leur maîtresse. Comment résister à de si nombreux et gracieux attraits? Où puiser le courage de fuir ces bonnes nattes bien rembourrées, protégées par une épaisse moustiquaire sous laquelle le sommeil est si calme? Comment se refuser tant de confortable? Comment dédaigner les avances d'une reine, lorsque, pour tant de faveurs, elle se contente d'un remerciement et..... d'une piastre....!

Il n'y a cependant sites champêtres dont on ne se lasse,

moustiquaire dont on ne se fatigue : aussi accueillons-nous avec plaisir la nouvelle du départ. Demain, nous camperons à Ankifiati, puis à Marokat. — Amparinampoun, d'où nous marcherons à grandes enjambées sur la capitale du Boèni, Mévétanana.

D'Ambato à Ankifiati (2 juin).

Le 2 juin, à 5 heures du matin, la colonne se met en route. Arrivées au port d'Ambato, les compagnies forment les faisceaux, et le passsage du Kamoro commence. Le temps est magnifique; le soleil ne se montre pas encore, et une légère brise caresse agréablement le visage. Aussi les hommes sont de bonne humeur; ils crient, ils s'interpellent d'une rive à l'autre; ils accablent de lazzis d'honnêtes caïmans qui se laissent aller au courant comme autant de troncs morts, et cette joie débordante gagne tout le monde. On est heureux de vivre; les plus riantes pensées s'emparent de l'esprit; on voit, dans un avenir prochain, les Hovas domptés, Madagascar conquis..... et moi, qui suis un brin philosophe, je me dis qu'une brise matinale est peu de chose, mais que le moral d'un homme est encore à la merci de ce rien. Dans deux heures, quand le soleil sera brûlant, Tananarive aura disparu dans la buée d'une terre surchauffée et le soldat ne verra plus que le point d'eau.....

Le passage achevé, le bataillon reprend sa marche. A droite, la Betsiboka mêle ses eaux jaunâtres aux eaux claires du Kamoro; à gauche, la vue est masquée par une brousse géante au milieu de laquelle croissent de nombreuses cannes à sucre. Le sentier est très étroit, et les branches nous déchireraient le visage si on ne les écartait avec les mains.

Au troisième ou quatrième kilomètre nous atteignons la forêt des bananiers. Il est difficile de concevoir rien de plus grandiose que cette multitude d'arbres, qui croissent, sans souci d'alignement, de symétrie, là où la brousse n'a pas étouffé la pousse naissante, là où le vent a porté leur graine.

Les troncs s'élèvent droits, rigides, tandis que les feuilles, énormes, retombent avec souplesse; les régimes tout jaunes font ployer l'extrémité des arbres, et çà et là une éclaircie mystérieuse nous montre la Betsiboka, dont les eaux reflètent la lumière et la chaleur du soleil dans la forêt fraiche et obscure.

Après avoir traversé la région des bananiers, nous atteignons, au milieu des joncs et des marais, le petit village d'Ankifiati. Quelques Sakalaves nous regardent curieusement passer, non sans pousser le cri qu'ils considèrent comme leur sauvegarde : « Sakalava!..... Sakalava! »

Nous campons à deux ou trois kilomètres d'Ankifiati, dans un endroit fort ombragé qui doit être très malsain. De nombreux marais nous entourent, et le feuillage épais des arbres qui nous abritent doit cacher légion de moustiques.

Séjour à Ankifiati (3 juin).

Ma compagnie est maintenue pendant deux ou trois jours aux environs d'Ankifiati pour fournir l'escorte des convois à destination de Marokat. Je profite des loisirs forcés que me procure ce séjour pour aller à Ankifiati faire les achats de denrées nécessaires à notre popote et à la compagnie.

Je pars donc du camp vers 6 heures du matin, accompagné de deux légionnaires qui portent de grands sacs sur le dos et semblent tout décidés à se dégrouiller, suivant l'argot d'Afrique, pour ne pas rentrer les mains vides. Ce matin, le temps est idéalement frais; il fait bon à marcher sous les grands arbres, parmi les mousses qui exhalent une bonne odeur de rosée..... Ce bois que je traverse, avec sa flore presque européenne, cette température matinale presque tempérée, égare ma rêverie bien loin, bien loin

des réalités. Pour un moment, bien court hélas! la grande
terre de mort, l'immense cimetière africain, devient un
joyeux coin de France où, prodige d'imagination, il me
semble entendre les éclats de rire d'une jeunesse folle.....
Toujours suivant mon rêve, il me semble que la forêt se
peuple de gracieux fantômes aux claires toilettes qui glissent nuageux au milieu des fourrés, dans un gazouillis
d'oiseaux..... Mais quel réveil, grand Dieu, quelle chute !
C'est Ankifiati avec ses grands nègres, ses disgracieuses
négresses et ses innombrables négrillons. .

Mon arrivée est le signal d'une déroute générale; les
femmes se précipitent dans les cases, les enfants crient, les
chiens hurlent, et les hommes quittent leur travail en me
regardant d'un air inquiet; je ne m'étais jamais cru si terrible.

Je pense qu'il est politique de profiter de l'effet produit,
et je me dirige sans plus tarder sur un vieux moko autour
duquel tous se sont respectueusement rangés. Pas beau le
chef, vu de près surtout, avec sa petite tête de singe, cre-
vée de vilains yeux clignotants et pleureurs, sa grosse
perruque blanche, sa peau de vieux parchemin racorni
et son air de brute qui ne veut pas comprendre.

Je tire cependant mon lexique franco-malgache et cherche à lui faire entendre qu'il me faut poules, riz, fruits,
etc.; je prononce sans doute très mal, car le drôle, ras-
suré, déjà irrévérencieux, rit aux éclats chaque fois qu'un

mot sort de ma bouche. S'il faisait droit à mes demandes, il n'y aurait encore que demi-mal ; mais, tout en se moquant manifestement de moi, il répond à toutes mes questions toujours secoué par son rire agaçant : « Tzimich, tzimich ». Il n'y a pas, il n'y a pas.....

Pas convaincu du tout, et profondément énervé, je me décide à recourir aux grands moyens, et, sortant mon revolver de l'étui, je le braque sous le nez du vieil orang-outang, qui ne rit plus du tout et tremble comme une feuille devant l'instrument de mort. D'un air inquiet et navré, il regarde autour de lui, attendant sans doute l'intervention toute puissante de ses idoles de bois ; mais, pas plus que ses administrés qui se sont envolés dans une bousculade homérique, les dieux n'interviennent en sa faveur..... Mes deux légionnaires, d'ailleurs, lui font comprendre, par une mimique expressive, qu'il faut s'exécuter, sinon..... pan ! Aussi, après quelques légères hésitations, il se résigne.

Nous voilà donc tous les quatre rentrés dans la grande forêt ; le vieux nègre marche devant, penaud, avec une mine de chien qu'on fouette ; je le suis revolver au poing, prêt à punir toute tentative d'évasion ; enfin, fermant la marche, mes deux légionnaires, qui ne cessent, avec leur bagout parisien, leur argot de barrière, d'invectiver le Sakalave qui ne comprend pas.

Bientôt, la forêt épaisse et touffue s'éclaircit et, parmi les feuillages, les brousses, on aperçoit les cases d'un village, et, dois-je en croire mes yeux, parmi les cases de ce village, des grands diables noirs, ressemblant d'une façon frappante à ceux d'Ankifiati, se démènent au milieu de bœufs, de poules, de victuailles de toute sorte qu'ils déménagent. Cette fois-ci, c'en est trop : j'envoie dans le derrière du grimaçant moko un formidable coup de pied qui le laisse ahuri, et je me précipite avec mes deux soldats sur les déménageurs, qui disparaissent bientôt hélas ! dans les fourrés de la forêt.....

En cherchant bien, je réunis cependant une dizaine de poules, autant de canards, deux ou trois couffins de bananes, un peu de manioc, quelques citrons, que j'ai la faiblesse de payer au vieux roué qui nous a joué de si cruelle façon.....

. . . .

Je comptais rester plusieurs jours à Ankifiati, les événements en décident autrement. Un grand convoi à destination de Marokat vient d'arriver; il repart demain, et mon peloton l'accompagne.

D'Ankifiati à Marokat (4 juin).

Le grand convoi que nous accompagnons se met en route de bonne heure, au milieu des grandes plaines herbeuses qui bordent la Betsiboka. Pendant longtemps, longtemps, le sentier à peine frayé que nous suivons court à travers le désert des brousses, empruntant de temps à autre les berges de la rivière, grandes étendues sablonneuses, arides et brûlantes.....

A 9 h. 1/2 nous gravissons les premiers contreforts de l'Ankasaka. A partir de ce moment, l'aspect du pays change. Partout ce sont de grandes crêtes pierreuses et tristes, d'où parfois on a une vue superbe sur les mille collines bleues qui surgissent maintenant de toute part.

Il est 11 heures. Le pays devient extraordinairement mouvementé et couvert, la marche est très pénible, les mulets n'avancent plus qu'avec une extrême lenteur..... Depuis longtemps déjà les hommes ont vidé leur bidon; une soif ardente se fait sentir.....

A midi nous traversons le lit d'un ruisselet où coule un filet d'eau saumâtre, verdâtre, puante, boueuse; malgré tous mes efforts, les hommes se précipitent et boivent à longs traits ce poison infect.

Il est 1 heure de l'après-midi lorsque nous atteignons le bivouac de Marokat, où les tirailleurs algériens, les chasseurs à pied et les légionnaires sont déjà depuis plusieurs jours.

Du plateau de Marokat on a une vue superbe sur la Betsiboka, qui coule large et tumultueuse, laissant au milieu de son tourbillon mille îlots sablonneux qui brillent et resplendissent, tout saupoudrés de mikat et d'or.

Après un bon et réconfortant déjeuner chez les chasseurs à pied, je fais la sieste dans un ravin, au milieu des brousses vierges, à l'ombre de hauts rafias, bercé par le chant des insectes.....

A mon réveil, le colonel Oudri m'apprend que nous partons demain matin pour Amparinampoun.

De Marokat à Amparinampoun (hauteurs dénudées) (3 juin).

Ce matin, nous longeons encore presque constamment les sinuosités de la Betsiboka. La route que nous suivons traverse un pays capricieux jusqu'à la folie. Tantôt elle pénètre dans des bois à la flore superbe, tantôt elle court sur de grands plateaux nus, tristes, pierreux, parfois enfin elle se perd dans les sables de la Betsiboka au milieu du miroitement aveuglant du soleil, de l'or et du mikat......

Nous arrivons ainsi à Amparinampoun, joli village,

véritable nid verdoyant, au-dessus duquel mille oiseaux de toutes tailles, de toutes couleurs font un vacarme charmant.....

Puis c'est la plaine, la grande plaine nue, où quelques arbres rabougris se dressent lamentables, comme honteux de leur chétiveté....

Nous marchons encore une demi-heure, puis nous nous arrêtons pour camper au seuil d'une épaisse forêt qui descend jusqu'à la Betsiboka.

Dans la grande plaine, ou plus exactement sur l'immense plateau où nous bivouaquons, le général Duchesne a l'intention de concentrer l'avant-garde du corps expéditionnaire, pour forcer ensuite, avec tout son monde groupé, le gué de la Betsiboka et la position de Mevetanana.

Séjour aux hauteurs dénudées (du 3 au 6 juin).

Le séjour au camp des hauteurs dénudées n'est pas une sinécure. Tous les matins nous descendons dans la grande forêt avec des haches, des scies, des serpes, des cordes pour débiter du bois destiné à la construction d'un pont de chevalets sur la Betsiboka.

Dès 5 heures les immenses solitudes des impénétrables fourrés s'animent et s'éveillent dans un tumulte de cognées qui frappent, d'hommes qui crient, d'animaux effrayés qui s'enfuient. Au pied des grands arbres, les hommes, semblables à de minuscules fourmis blanches, se démènent, s'agitent comme impuissants devant de pareilles masses ; aussi quand le colosse, rongé à sa base, oscille et tombe, on reste interdit, stupéfait de la victoire de ces infiniment petits sur ce géant.

. . . .

Hier soir, pendant le dîner, un incident comique est venu égayer la soirée. Nous étions au dessert, très absorbés par un vieux morceau de Hollande qui résistait héroïquement aux attaques répétées de notre mâchoire, lorsqu'un homme essoufflé, effaré, nous prévint qu'en avant du petit poste n° 2 on entendait des bruits suspects. Je pars immédiatement avec quatre hommes dans la direction indiquée. Nous traversons le petit poste, dont le chef est très ému, puis nous nous enfonçons dans les broussailles, dans la nuit.

Rien d'émotionnant comme cette patrouille en forêt, au milieu des ténèbres qui donnent aux objets les plus simples les formes les plus fantastiques ; rien de poignant comme cette pensée qu'il peut tout à coup surgir d'un buisson de vilains démons noirs ne demandant qu'une chose, vous envoyer le plus tôt possible *ad patres*.....

J'en étais là de mes réflexions, lorsqu'une fanfare stridente, formidable, résonne, éveillant les échos de la forêt, déchirant lugubrement le grand silence nocturne. Nous nous arrêtons interdits. Est-ce la marche belliqueuse d'un tambour de guerre ? Est-ce le bruit du canon ou la trompette du jugement dernier ?..... Non, c'est un honnête mulet en rupture de chaînes qui, tout heureux de retrouver des amis, gambade follement à travers les grands arbres.

Je ramène au camp la cause de tant d'agitations ; j'arrive à temps, car on parlait déjà d'attaques, de surprises, et il était question de doubler les postes.

. . . .

Ce soir, vers les 10 heures, au moment où les moustiques font rage, un coup de feu retentit. Les hommes, qui pour la plupart ne dorment pas, sautent sur leurs fusils et se forment rapidement par sections, en avant de la ligne des tentes.....

Nous étions depuis plus d'un quart d'heure l'arme au pied, énervés par l'attente, lorsque le sergent Rohrman me crie d'une voix inoubliable : « Mon lieutenant, c'est X... qui vient de se faire sauter le caisson. » Je me précipite avec le capitaine Bulot sur une masse inerte qui gît à

quelques pas en avant de nous, et je contemple le spectacle
le plus horrible qu'il soit possible de concevoir. Le malheureux désespéré s'est logé une balle dans la bouche, et,
pour être plus certain de ne pas se manquer, il a empli
d'eau le canon de son fusil. L'effet d'éclatement a été terrible : la tête n'existe pour ainsi dire plus, et, autour du cadavre décapité, des débris sanguinolents maculent toutes les
pierres de leurs taches rouges. Je me retire très vivement
impressionné et ma nuit s'achève dans un cauchemar
effrayant, peuplé de terrifiantes visions..... Le matin, de
très bonne heure, nous enterrons le cadavre, plus hideux,
si possible, à la grande lumière, avec son cou de cire
frangé de rouge, ses mains de cire, sur lesquelles les taches
de sang jettent leur buée éclatante.

Le séjour au camp des hauteurs dénudées s'éternise,
monotone et pénible. Les corvées d'abatage dans la
grande forêt sont achevées, mais mille travaux de toute
sorte, plus durs, plus mortels les uns que les autres, enta-
ment petit à petit notre effectif. Les effets terriblement
anémiants et déprimants du climat malgache commencent
à se faire douloureusement sentir.

Aujourd'hui, 5 juin, à l'heure de la sieste, au moment
où la nature assoupie semble lasse de tant de chaleur,
une fusillade nourrie éclate simultanément vers le
confluent de la Betsiboka et vers Amparahibé, où deux
compagnies de légion ont été détachées hier. Un peloton
de la compagnie de piquet, sous les ordres de Burchard, se
dirige immédiatement vers le poste du confluent. Pendant
une heure, deux heures peut-être, les détonations se succèdent, irrégulières du côté hova, sèches, brèves du côté
français, puis tout s'apaise et les troupes rentrent au
camp.

Cette première petite escarmouche est, en somme, de
peu d'importance. Les premiers coups de feu ont été tirés
par un poste hova dissimulé dans une tranchée, sur la rive

gauche de la Betsiboka. Notre petit poste de tirailleurs
placé sur la rive droite a riposté et se serait très bien tiré
d'affaire sans l'intervention du piquet. Néanmoins, ces
quelques coups de fusil ont un effet moral très heureux.
Dans le camp, on fait fête aux héros de la journée, deux
braves tirailleurs blessés; on acclame le piquet; on se jure
de ne pas faire quartier à l'officier anglais qu'on a cru
reconnaître parmi les tireurs ennemis, et l'enthousiasme
devient débordant lorsqu'on apprend que, demain, la
colonne force le passage du grand fleuve malgache.

Passage de la Betsiboka. Mourary (6 juin).

Le départ a lieu de bon matin. Nous quittons sans
regret les hauteurs dénudées, et nous nous enfonçons dans
la forêt bien connue qui descend jusqu'à la Betsiboka.
Nous traversons le petit ruisselet où, dernièrement, un
cooli somali, accroupi pour boire, a été décapité par un
caïman; puis nous cheminons à travers de grands arbres,
dans lesquels des bandes de singes s'ébattent joyeusement
en poussant de petits cris perçants.

Mais voici que les fourrés deviennent moins épais, les
arbres moins colosses, la brousse vierge moins géante;
nous approchons de la rivière. Tout à coup, en effet, le
terrain se découvre avec ses grandes étendues de sable, au
milieu desquels coule la Betsiboka, rougeâtre et boueuse.

Sur notre rive, les berges de la Betsiboka sont absolument
découvertes, sauf cependant sur la longueur de cent cinquante mètres environ, où elles sont protégées par un fort
bouquet d'ajoncs, de roseaux, derrière lesquels le petit
poste de tirailleurs attaqué hier s'est établi. Sur la rive
opposée, au contraire, des arbres magnifiques et une végétation extraordinaire masquent d'un épais voile vert les
mouvements et les positions des Hovas.

Au moment où nous débouchons de la forêt, la rive ennemie tout entière s'illumine et se couvre d'un épais rideau de fumée en même temps que des centaines de projectiles arrivent jusqu'à nous.

Nous prenons le pas gymnastique et arrivons, sans perdre un homme, sous la protection des ajoncs. Néanmoins, le général en chef, s'étant rendu compte par cet incident qu'on ne pourrait traverser le fleuve sans grosses pertes, nous donne l'ordre de rentrer en forêt. Le passage n'aura lieu que ce soir, après une préparation sérieuse par l'artillerie. Nous retraversons donc, toujours au pas gymnastique, les grandes étendues sablonneuses, poursuivis par les sifflements des balles et les clameurs des ennemis, qui chantent déjà victoire.

Après un frugal déjeuner et une courte sieste sous les hautes futaies, nous nous remettons en marche. Déjà les pièces de la 15e batterie et celles d'une canonnière qui coopère à l'attaque ont ouvert le feu sur la position ennemie, et, dans la grande forêt, les détonations répercutées, grandies par l'écho, déchirent l'air, font trembler les troncs colosses.

Lorsque nous débouchons de la lisière, un spectacle magnifique, grandiose s'offre à nous. Nos artilleurs, rangés comme à la parade, servent avec une superbe régularité leurs petites pièces de montagne, qui vomissent, dans un crachement de feu et de fumée, la mort et la destruction sur la rive ennemie.

A la jumelle, on voit très distinctement les effets de notre tir. Au milieu des grands arbres, les projectiles arrivent et éclatent, fauchant d'énormes branches, labourant les tranchées, incendiant les brousses.

Devant un tel déluge de feu, les Hovas n'ont pu tenir longtemps ; ils ont abandonné la partie, laissant, çà et là, des cadavres qui jettent leurs taches blanches sur les parterres herbeux, le long de la rivière.

Le feu cesse bientôt sur toute la ligne, et le passage de la Betsiboka commence; il est environ 2 heures.

Je ne crois pas qu'il soit possible d'endurer des souffrances plus fortes, des tourments plus horribles que ceux qui nous échurent en partage ce 6 juin 1895.

Une fournaise, un enfer que cette Betsiboka avec ses grandes plaines de sables brûlants et sa masse rouge, miroir géant, qui nous renvoie les feux d'un soleil de plomb. Harassés, anéantis, la peau brûlante, les lèvres sèches, nous nous traînons avec peine. Une soif ardente nous dévore; beaucoup d'hommes tombent raides, comme foudroyés.

Pendant ce temps le capitaine Aubé, et le lieutenant Bénévent cherchent à tâtons, en pleine rivière, à jalonner le gué.....

A 4 heures, personne n'est encore passé. Le général, pour presser le mouvement, et peut-être aussi pour éviter un gué rendu dangereux par les caïmans, donne l'ordre à la canonnière de nous transporter sur la rive opposée. Il est à peu près 6 heures du soir lorsque nous abordons, la grosse chaleur est tombée, on respire un peu.

Mon bataillon, qui doit aller bivouaquer sur le piton de Mourary pour protéger à l'est le campement de la colonne, reprend sa marche. Le bois que nous traversons, et que les Hovas occupaient encore il y a quelques heures, est littéralement haché par nos projectiles; des arbres entiers sont couchés à terre, et le sol est par endroits crevé de trous béants. Chemin faisant, nous ramassons deux blessés ennemis plus malades de frayeur, certes, que des coups reçus.

Nous atteignons Mourary à la nuit tombante; nos bagages sont encore de l'autre côté de la Betsiboka, nous n'aurons donc, ce soir, pour lit, que la mousse verte du sol et, pour abri, que le feuillage des grands arbres.

A peine sommes-nous couchés qu'une multitude d'êtres.

gluants et rampants font irruption dans le camp. Parmi les feuilles sèches, parmi les broussailles, on entend les frôlements légers de leurs anneaux, et parfois, à la faveur de cette nuit si lumineuse, on aperçoit des scintillements argentés qui glissent sur le sol parmi les herbes et les pierres. Ce sont des serpents.

Pour ma part, je ne puis trouver le sommeil en pareille compagnie, et, assis sur une grosse pierre, je me mets à rêver mélancoliquement en regardant les étoiles, tandis que les hommes, armés de bâtons, poursuivent les intrus à travers les fourrés.

De Mourary à Miananarive (7 juin).

Ce matin, après une nuit horrible, nous nous remettons en route, fatigués, moulus, défaits, mais confiants toujours dans un avenir meilleur, dans un inconnu plus clément.

Jusqu'à Marolo, le sentier court à travers une brousse impénétrable, sous des arbres énormes. La colonne a infiniment de peine à avancer, et à chaque instant des solutions de continuité se produisent, menaçant de rompre le bataillon en plusieurs tronçons.

A la sortie de la forêt nous traversons Marololo, grand village sakalava, dont le nom signifie : *là il y a beaucoup de papillons*, et, de fait, je n'en ai jamais vu autant de mon existence et d'aussi beaux surtout, avec leurs grandes ailes rouges, bleues, tachetées qui les font rassembler à de petits oiseaux.

Marololo est un des points ayant le plus souffert du bombardement du 6; les grandes tranchées qui commandent l'Ikopa sont toutes crevées de trous béants, et par endroit nivelées par les projectiles comme par une charrue. Dans l'une d'elles, un cadavre ennemi est encore étendu. Le malheureux, frappé d'une balle en plein front, est tombé sur le dos. Il tient son fusil d'une main crispée, et sa figure noire, blême, a gardé une expression d'angoisse qui impressionne.

En sortant de Marololo, nous tournons à gauche et allons nous établir au bivouac, sous les grands arbres de Moura-rive, sans nous apercevoir que le convoi, éloigné de quelques centaines de mètres, file droit vers le sud.

Le lieutenant X..., commandant ce convoi, marcha longtemps, très étonné de ne pas trouver le bivouac; au bout de quelques heures, il aperçut enfin des fumées nombreuses, il se crut au bout de ses peines : hélas! c'était en plein camp hova, à Besatrana, qu'il arrivait. Il n'eut que le temps de faire demi-tour, trop heureux de rejoindre le soir le bivouac français, ayant profité de la plus singulière panique qu'une toute petite troupe peut jeter dans une armée ennemie.

De Mourarive à Berotsimanana (8 juin).

Nous marchons, aujourd'hui, sur les positions avancées de Mevetanana, établies à Andavakoka-Nossy-Fiel. Le gros de la colonne suit la grande route, si l'on peut dénommer ainsi la mauvaise piste herbeuse et broussailleuse qui se perd là-bas, à travers les grands arbres. Quant à mon bataillon, il prend un sentier secondaire situé plus à l'est, pour tourner la position ennemie. Dans les grandes plaines vertes et parsemées d'arbres par lesquelles nous cheminons, d'immenses troupeaux de bœufs abandonnés par les habitants errent tout désorientés, tout inquiets de voir ces quantités d'hommes blancs auxquels ils ne sont pas habitués...

Dans les villages que nous traversons, c'est le vide, c'est le désert : pas tout à fait cependant, car, çà et là, des cadavres, maigres, décharnés, tout ulcérés de plaies affreuses, lamentables et innocentes victimes de la guerre, viennent jeter leur note triste parmi cette nature verdoyante et particulièrement vivante.

Vers les 10 heures, après un très court engagement, les Hovas, attaqués de front et débordés sur leur flanc droit, abandonnent la position de Nossy-Fiel, où toute la colonne se réunit pour la grand'halte. Dans cet insignifiant combat, l'ennemi a perdu quelques blessés, qu'il a, dans la précipitation du départ et contrairement à son habitude, abandonnés sur le terrain. Malgré les soins qui leur sont prodigués, deux d'entre eux meurent avant la reprise de la marche.

A 2 heures, la colonne se remet en route pour Beratsimanana, par la grosse chaleur, dans un terrain nu et pierreux qui contraste singulièrement avec les sites paradisiaques que nous venons de quitter. Vers 4 heures, après quelques pétarades insignifiantes, la colonne atteint Beratsimanana, où elle s'installe au bivouac.

Mon bataillon est d'avant-postes. A la place du repos pourtant si mérité, nous grimpons sur les mamelons de pierres qui dominent Beratsimanana, dans la fournaise d'un soleil que rien n'arrête.

Une nuit chaude, longue et triste que cette nuit d'avant-

postes; lugubre, énervante comme les clameurs de ces
chiens abandonnés qui pleurent dans la brousse après leurs
maîtres partis.

Prise de Mevetanana (9 juin).

La colonne française, chasseurs à pied, artillerie, tirailleurs et légion, quitte Beratsimanana aux premières lueurs
de l'aurore et s'engage dans une large vallée dominée, à
droite et à gauche, par de hauts escarpements rocheux,
dans les anfractuosités desquels des palmiers-rafias ont
grandi tortueux et chétifs.

Les chiens indigènes, qui n'ont cessé de pleurer toute la
nuit, saluent notre départ par un redoublement de cris, et,
dans la demi-clarté du jour naissant, leurs maigres silhouettes se détachent sur les hauteurs, fantastiques et lugubres.

Nous ne tardons pas à arriver au pied de l'énorme crête
qui nous sépare du bassin de la Nandrojia. Elle domine la
vallée que nous suivons, toute rouge, avec ses pentes ravi-
nées, défoncées, crevées par les pluies, qui lui donnent
une physionomie de paysage d'outre-terre.

En arrivant au sommet de la grande crête rouge, nous
nous arrêtons un instant pour respirer et jouir aussi du
très intéressant spectacle qui se déroule sous nos yeux.
Devant nous, à nos pieds, c'est une série de mamelons
pierreux et dénudés, puis c'est la Nandrojia bleue coulant
sur un fond vert d'arbres de toute sorte; puis là-bas, parmi
les mamelonnements et le chaos des roches, c'est Mevetanana, formidable falaise rouge aux pentes abruptes, Mevetanana avec ses nombreuses cases, ses grands arbres, et
ses innombrables défenseurs, dont la masse frange de blanc
le sommet de la position.

Nous descendons dans la vallée de la Nandrojia, où la
colonne tout entière se masse pour prendre ses disposi-

tions d'attaque. Le général Metzinger, qui dirige l'opération, donne l'ordre au 2e bataillon de tirailleurs de tourner la falaise de Mevetanana par le sud, afin de couper à l'ennemi la route de Tananarive. Le 40e bataillon de chasseurs et les deux batteries d'artillerie doivent attaquer de front. Quant à mon bataillon, il a deux compagnies au convoi (1re et 2e); les autres (3e et 4e) sont en réserve.

Après un court arrêt nécessaire à la transmission de ces ordres, la marche est reprise. Nous traversons à gué la Nandrojia, large et claire rivière ombragée par de beaux arbres qui dissimulent en partie notre marche offensive, puis nous gravissons les pentes qui surplombent la vallée.

Déjà, sans doute, notre avant-garde est à bonne portée de Mevetanana, car le canon ennemi tonne sans interrúption, et parfois ses obus, trop longs, viennent éclater non loin de nous, brisant les branches, soulevant des nuages de poussière rouge qui nous enveloppent, aveuglants.

Bientôt, nous atteignons la partie culminante des hauteurs, sorte de grand plateau où les chasseurs à pied sont déjà massés. Nos canons, eux aussi, sont là rangés; ils ouvrent le feu sur la position ennemie au moment même où nous arrivons. Leur tir, remarquablement réglé, semble causer beaucoup d'agitation dans l'immense fourmilière dont nous ne sommes plus maintenant qu'à 1.800 mètres. Les projectiles, percutants d'abord, fusants ensuite, tombent au milieu des masses blanches, jetant parmi elles la panique, le désordre et la mort. Néanmoins, les pièces ennemies sont toujours debout, et leurs obus, assez bien dirigés, arrivent jusqu'à nous; l'un d'eux même éclate au milieu de notre batterie, éventrant un mulet, occasionnant une vive émotion parmi les camarades du défunt. C'est alors que la mélinite intervient.

Une terrible détonation déchire l'air, une énorme colonne de poussière s'élève au-dessus de Mevetanana, et la grande falaise tout entière semble osciller sous la violence du choc c'est l'obus de 4 calibres et demi qui vient d'éclater, et les coups se succèdent ensuite formidables ; les projectiles détonent déchirants enveloppant toute la position hova d'un épais voile de poussière et de fumée, à travers lequel les flammes des incendies jettent leur éclat sinistre.

C'est alors que le général Metzinger lance en avant le bataillon de chasseurs. Les braves petits vitriers se déploient rapidement et disparaissent bientôt dans le ravin tourmenté, chaotique qui nous sépare de la position. L'ennemi, d'ailleurs, semble abandonner la partie, il ne répond plus que très faiblement.

Une demi-heure, trois quarts d'heure se passent ; la fumée s'est lentement dissipée sur Mevetanana.

... Nous avons beau fouiller avec nos jumelles les ravineaux, les mamelons, pas un chasseur ne se montre à l'horizon, et cependant le drapeau hova, entouré de nombreux drapeaux anglais, flotte toujours, arrogant, sur la plus haute maison du rowa.

Le général Metzinger, énervé par la lenteur du 40e bataillon, avise alors mon capitaine et lui dit : « Capitaine, prenez votre compagnie et marchez *droit* sur la position ; faites au besoin poser les sacs de vos hommes pour aller plus vite. Allez ! » Et voilà comment ma compagnie, de réserve qu'elle était, passa en première ligne.

« Point de direction, le chemin du rowa », commande le capitaine Bulot et les quatre sections, à intervalle de déploiement, sans se déranger un seul instant de la direction indiquée, gravissent les mamelons, escaladent les rochers, dégringolent dans les ravins. L'allure est endiablée. Tant pis pour les traînards : on ne s'occupe pas d'eux.

Allez vite nous a-t-on dit, et, trop heureux d'être passés acteurs, nous allons *vite*.....

Nous voici au bas de la falaise rougeâtre : encore un coup de collier, et nous y sommes. Nous grimpons avec les pieds,

avec les mains ; la compagnie n'a plus de formation régu-
lière, c'est une masse de deux cents hommes qui se rue
sur le but.

Au-dessus de nous, les obus français passent en ronflant :
qu'importe ! Le soleil de midi est brûlant, l'eau ruisselle à
flot partout notre corps : qu'importe ! Nous allons toujours !

Mais nous y voici ; la charge sonne, nous entrons dans le
rowa comme une trombe, baïonnette au canon..... Hélas !
c'est pour voir les derniers groupes ennemis quitter la
position dans une débandade folle.

En dépit de tous nos efforts, nous ne ramassons qu'une
dizaine de prisonniers ; nous avons, il est vrai, le plaisir
d'abattre les drapeaux anglais qui nous ont si longtemps
nargués, et de souhaiter la bienvenue aux chasseurs à pied,
qui n'en reviennent pas.

Quelques cochons, affolés par les détonations, par le clairon passent alors à notre portée. Nos hommes les lardent

de coups de baïonnette au grand émoi des propriétaires,
grands Malabars qui n'en finissent plus et qui sortent
comme des diables de leur boîte, invectivant nos troupiers
dans le plus incompréhensible jargon. Nos hommes sont

nerveux, ont la tête près du bonnet ce matin : griserie de poudre, emballement de la course sans doute. Les grands nez crochus ne tardent pas à s'en apercevoir : ils sont passés à tabac de la plus magistrale façon, et rien n'est comique alors comme leurs cris désespérés, leurs hurlements de frayeur ; rien n'est désopilant comme leur rentrée au terrier sous la trique des bons légionnaires, qui n'en peuvent plus frapper à force de rire...

Ceci est l'incident comique, voici maintenant l'incident tragique. Le colonel X..., voyant de loin la bagarre, s'imagine que nos légionnaires massacrent tout, pillent tout. Rapide comme une bourrasque, il bondit sur nous, prodiguant à nos pauvres troupiers, qui n'en peuvent mais, les plus délicates aménités que sa grosse émotion lui suggère. « Mais, mon.. » essaye de dire le capitaine Bulot. — « Pas un mot ! Foutez moi le camp, et plus vite que ça ! »

Et voilà comment, après être entrée à Mevetanana clairon sonnant, baïonnette au canon, ma compagnie en sortit chassée par une grêle non pas de balles, mais d'épithètes malsonnantes et imméritées.

La tête basse, le cœur gonflé d'amertune, nous redescendons les pentes de la grande falaise rouge par le petit sentier qui nous a vus, il y a quelques instants, si pleins d'ardeur ; puis nous atteignons, sous un soleil brûlant, le bivouac du gros de la colonne, qui fait sa grand'halte à l'ombre de quelques bouquets de bois.

A 3 heures nous reprenons la marche sur Suberbieville. Cette localité a été occupée ce matin par nos troupes, de la plus étrange façon. Le convoi, sous les ordres du capitaine d'état-major W..., s'étant égaré au milieu du dédale des pistes, contourna Mevetanana sans s'en apercevoir et déboucha en plein Suberbieville à sa plus grande stupéfaction et à celle aussi de quelques pillards ennemis qui déménageaient la localité et incendiaient les maisons. Sans hésiter, le convoi pénétra dans le village ; l'escorte dispersa les groupes ennemis en quelques feux de salve, fusilla quelques incendiaires pris la torche à la main et s'installa au bivouac en attendant la colonne.

Nous partons donc pour Suberbieville en pleine chaleur encore; nous traversons Sakoabé, gros village où quelques indigènes nous regardent curieusement passer, puis, après une série de dégringolades et d'escalades dans un terrain rougeàtre, pierreux et sec, nous apercevons un groupe de petites maisons en fer avec balcon et véranda, des grands hangars en fer, des rails, une locomotive boiteuse : c'est Suberbieville, Suberbieville avec son aspect décousu, ses rues défoncées et son cachet européen, qui étonne au milieu de ces grandes plaines tristes, grandioses, que brûlent toujours un soleil de feu.

En pénétrant dans le village, le désenchantement est complet : les petites maisons de fer, qui de loin, produisaient encore un certain effet, ne sont, de près, que d'odieuses masures ; les rues sont des cloaques sur lesquels pèse une indicible atmosphère de tristesse et d'ennui.....

Nous nous installons au bivouac, à l'est du village, près de vieilles baraques dont les murs sont littéralement noirs de cafards. De temps à autre, un coup de feu isolé part aux avant-postes, et le profond silence renaît ensuite dans la grande nuit obscure où quelques feux lointains jettent leur tache d'or.....

Séjour à Suberbieville (10 et 11 juin).

10 juin. — Je reçois l'ordre ce matin de monter à Mevetanana avec une corvée de légionnaires, afin de chasser et d'abattre les nombreux sangliers domestiques qui courent par la brousse depuis la canonnade d'hier. La viande de bœuf manque totalement, et l'on compte sur cette ressource pour alimenter les distributions d'aujourd'hui et de demain.

Je repars donc pour Mevetanana, je refais la pénible ascension du rowa; mais ce matin il fait frais, c'est un véritable plaisir.

En arrivant à Mevetanana, je rencontre le colonel X..., très aimable aujourd'hui et semblant regretter sa sortie d'hier matin.

Cependant, mes légionnaires sont armés de formidables matraques, et la chasse commence; chasse pas banale et mouvementée, à travers les maisons, à travers les arbres, à travers les brousses, à travers les ravineaux. De tous côtés, les malheureux animaux, traqués, assommés, poussent des cris déchirants; leurs troupeaux noirs, poursuivis par les bandes de soldats qui s'excitent au jeu, passent comme des trombes, renversant tout sur leur passage; mais peu à peu ils se dispersent, s'égrènent, offrant aux bouchers des victoires plus faciles.

Certains épisodes de cette tuerie sont réellement émo-

tionnants. Des femelles auxquelles on arrache leurs petits se précipitent sur les agresseurs avec une énergie, un cou-

rage inouïs, et souvent les forcent à lâcher prise. Un vieux
solitaire, traqué par trois hommes, en jette deux par terre
et s'échappe sur les pentes de la falaise, etc., etc.

Cependant, vers 10 heures du matin, les cadavres s'amon-
cellent en tas énormes; on arrête la chasse. Légionnaires,
tirailleurs, chasseurs, chargent les victimes sur des claies,
et cette procession d'un nouveau genre descend vers Suberbieville.

En rentrant au bivouac, après cette fatigante matinée,
j'apprends que nous prenons ce soir les avant-postes.

A la nuit tombante, nous commençons notre service de
protection. Sur le rocher où j'ai établi mon petit poste, le
temps me paraît terriblement long; j'ai une peine infinie
à me tenir éveillé; je me débats contre la fatigue, et ce
serait en vain si les coups de feu tirés par des sentinelles
trop nerveuses ne venaient de temps en temps me rappeler
à la réalité de la situation.....

. . . .

11 juin. — Ce matin, lorsque l'aurore a blanchi l'horizon,
je l'ai saluée d'un soupir de soulagement; j'étais oppressé
par cette longue nuit d'insomnie, par ces détonations qui
résonnaient si lugubres dans le silence nocturne, par ces
cris de : « Qui vive? », par cet inconnu noir qui m'entourait,
m'étreignait, m'étouffait.....

En revenant de ma ronde matinale, je trouve à mon petit
poste le capitaine Bulot qui m'apprend les plus déconcer-
tantes et démoralisantes nouvelles. Contrairement à notre
espoir d'aller toujours de l'avant, nous nous arrêtons,
paraît-il, pendant un ou deux mois à Suberbieville, pour
donner à l'intendance le temps d'y concentrer de très
grands approvisionnements. Ces approvisionnements mon-
teront par voie d'eau jusqu'à Marololo, puis prendront la
voie de terre jusqu'à Suberbieville. Enfin, le bataillon de
légion retourne demain à Anduvakoka-Nossy-Fiel pour
améliorer et créer des passages aux convois.

Je passe le reste de la journée dans le marasme le plus complet, et, le soir, je m'endors la mort dans l'âme, en songeant au dénouement si éloigné de cette triste campagne.

LA ROUTE

De Nossy-Fiel à Sakoabé (du 12 au 29 juin).

La route que nous créons de toutes pièces du 12 au 29 juin part de Nossy-Fiel pour aller jusqu'à Sakoabé. Le premier tronçon, allant de Nossy-Fiel à Andavakoka, en contournant le lac du même nom, est particulièrement difficile à établir. Pour livrer passage à la piste, il faut abattre des arbres énormes et endiguer les nombreuses sources qui menacent à chaque instant d'inonder les travaux.

Les hommes, souvent dans l'eau jusqu'à la ceinture, mettent un cœur inouï à l'ouvrage, et le général de Torcy, chef d'état-major du corps expéditionnaire, ne peut s'empêcher, à son passage sur les chantiers, de témoigner au colonel Barre sa plus vive admiration pour les soldats exceptionnels qu'il commande. Exceptionnels est bien le mot, et qu'on me permette ici une digression tardive, mais bien due, en faveur du corps si réellement beau, si profondément militaire, auquel j'ai l'honneur d'appartenir.

La légion, troupe panachée, bigarrée, véritable tour de Babel, où l'on parle cent langues, est cependant une personnalité ayant son originalité propre, ses traditions. Français, Allemands, Italiens, Turcs, Américains, venus des quatre coins de l'univers, dépouillent en y arrivant leur défroque exotique. Du jour de leur incorporation, ils ne sont plus ni Américains, ni Turcs, ni Russes, ni Allemands : ils sont légionnaires. Qu'on ne leur demande pas, par exemple, les sentiments qu'ils ne peuvent avoir, qu'on ne leur parle pas de France, de Patrie : pour presque tous ce seraient des mots vides de sens; mais qu'on leur parle au nom de la légion, de cette grande et belle légion, de cette héroïque phalange qu'ils ont adoptée comme seconde patrie, alors on obtiendra d'eux amour, respect, discipline, dévouement.

Le légionnaire, comme tous les vieux soldats de carrière, ne déteste pas la dive bouteille, souvent même il en abuse; mais peut-on sérieusement lui en faire un crime, à cet homme épave d'un monde souvent autre, à ce désabusé qui cherche dans l'inconscience l'oubli, dans l'ivresse un dérivatif à l'ennui?

En campagne, le légionnaire est soldat dans toute la force du terme. Ne laissant rien derrière lui, il ne craint rien, il n'a pas de regrets; le combat c'est sa fête à lui, et, lorsqu'il tombe fauché dans la bataille, la balle qui le tue, souvent libératrice, abrège bien des souffrances morales, bien des tourments cachés.

L'histoire de la légion est intimement liée à celle de nos guerres coloniales. En Algérie, au Tonkin, au Dahomey, au Soudan, à Madagascar enfin, elle a, par son endurance, sa discipline, son héroïsme, forcé l'admiration de tous. En France, elle n'est pas assez connue; elle mériterait cependant de l'être, si l'on considère que chaque légionnaire mort aux colonies — et Dieu seul sait s'il y en a! — épargne une vie française.

Après Andavakoka, la confection de la route offre moins de difficultés, le terrain est à peu près plat; les travaux avancent vite, sauf en quelques endroits où le sol, absolulument marécageux, se défonce en dépit de tout.

Sous le rapport de la nourriture, nous sommes en ce moment très malheureux. L'administration ne nous fournit plus ni pain, ni vin, ni viande; c'est un régime sévère, étant donné les fatigues considérables qui nous sont imposées. Au manque de viande, nous suppléons par la chasse. Tous les jours, quelques hommes de bonne volonté partent avec fusils et cartouches ; ils parcourent les brousses, les bois, abattant de temps à autre un de ces bœufs demi-sauvages qui errent çà et là depuis l'exode des habitants.

En arrivant à Bératsimanana, nous apprenons la mort du colonel Gillon. C'est la première victime haut placée du climat malgache. Ce n'est malheureusement pas la seule : tous les jours nous recevons des avis de décès, la liste funèbre devient longue..... Les travaux que nous exécutons ne sont d'ailleurs pas faits pour relever le moral et la santé des hommes ; rien n'est énervant, décourageant comme ces longues journées, ces interminables soirées passées dans la pourriture des marais, en pleine vase, sous un soleil terrible, entouré toujours du même paysage jaune et rocheux, toujours bercé par les cris plaintifs des chiens errants.

Tous les jours, il est vrai, le convoi sénégalais du lieutenant Bibault, avec sa note pittoresque, vient faire une diversion heureuse, dérider les fronts les plus sombres..... Dès que les hommes aperçoivent, parmi le moutonnement des collines, les rouges chéchias et les accoutrements bariolés des conducteurs, ils abandonnent pelles, pioches, pour aller dire bonjour à leurs grands camarades noirs.

Toujours superbes, d'ailleurs, les braves géants sénégalais : superbes de santé, débordant de vie sous le soleil brûlant qui nous anémie ; superbes de gaieté, d'entrain, au milieu des grandes steppes brûlées et nues qui leur rappellent à eux les immenses horizons soudanais qu'ils ont laissés là-bas, bien loin.....

Lorsqu'ils arrivent au milieu de nous, des colloques intéressants s'engagent entre eux et les légionnaires : « Bonjour, mal blanchi !... Va donc, pou ! » etc., etc. A quoi les bons Sénégalais répondent en riant dans un idiome bambara quelconque, des aménités du même genre sans doute. Et cette fusée de gaieté, qui vient de rompre la monotonie de la longue journée, s'éteint, meurt, au milieu du grand nuage de poussière rouge que soulève le réjouissant convoi qui s'éloigne.

Aujourd'hui, 29 juin, nous sommes presque arrivés sous le piton de Sakoabé ; c'est l'heure chaude de la journée, tout le monde dort dans le camp en attendant la reprise des travaux du soir.

Tout à coup, le bruit se répand, comme une traînée de poudre, que nos avant-postes sont attaqués, à Tsarasotra, par une force ennemie très supérieure en nombre. La nouvelle devient officielle, et un cavalier ne tarde pas à apporter au colonel Barre l'ordre de rallier immédiatement Suberbieville.

Nous abandonnons avec joie pelles et pioches ; nous plions rapidement les tentes, heureux à la pensée de voir enfin ces insaisissables ennemis, ce Ramazombasaha leur chef, que les troupiers, dans leur blague parisienne, ont déjà surnommé Ramasse-ton-bazar ; les fiévreux eux-mêmes qui, quelques minutes avant, se traînaient à peine, sont maintenant debout, sac au dos, prêts à partir.

Nous partons donc. Il est 4 heures. Nous entrons à Suberbieville vers les 6 heures, anxieux de connaître les détails arrivés du théâtre de la lutte..... On ne sait encore rien de très précis, sinon que le lieutenant Augey-Dufresse est tué et que les tirailleurs tiennent toujours bon. On nous apprend également que le 2e bataillon de tirailleurs, le 40e de chasseurs sont partis pour Tsarasotra, que la légion reste à Suberbieville, sauf une compagnie, la mienne, qui doit aller à Behanana établir la liaison entre les troupes engagées et le quartier général.

De Suberbieville à Behanana (30 juin).

Ce matin, le pays que nous traversons pour atteindre
Behanana est l'exagération même de ce que nous avons
vu quelques kilomètres avant d'arriver à Suberbieville.
Si loin que la vue peut errer, aucun arbre ne vient rompre
la tristesse des grandes pierres noires qui surplombent la
route, la monotonie des immenses croupes jaunes qui
moutonnent à l'infini vers le sud.

A la sortie d'un défilé rocheux, qui ne manque pas de
grandeur, nous traversons le petit village de Besatrana, où
quelques cadavres en putréfaction exhalent une odeur
infecte, puis nous entrons en pays découvert.

Le combat doit continuer aux avant-postes, car de temps
à autre le bruit du canon arrive jusqu'à nous.

Il est 11 heures du matin lorsque nous atteignons
Behanana, tout petit village perché sur un mamelon
ensoleillé et brûlant.

Un peloton de tirailleurs algériens occupe déjà le poste;
le lieutenant qui le commande nous donne quelques
détails sur le combat de Tsarasotra :

« Il s'en est fallu de très peu, nous dit-il, que cette affaire
ne fût pour nous un véritable désastre.

» Les Hovas, au nombre de plusieurs milliers, se massèrent,
le 28 au soir, dans un des ravins qui bordent le plateau
de Tsarasotra. Avec une discipline qu'il convient d'admirer
sans réserve, cette masse d'hommes passa toute la nuit à
300 mètres de nos petits postes, sans éveiller un seul
instant l'attention de ceux-ci.

» Cependant, quelques coups de feu ayant été tirés par des
isolés, le colonel Lentonnet envoya, au point du jour, une
petite reconnaissance commandée par le lieutenant Augey-
Dufresse. Cette reconnaissance avait à peine dépassé les
petits postes qu'elle fut assaillie par l'armée ennemie tout

entière. Le brave Dufresse tombe un des premiers, frappé d'une balle au ventre. Sa petite troupe recule aussitôt, entraînant les petits postes dans son mouvement de retraite. La 6ᵉ compagnie de tirailleurs algériens, qui occupait Tsarasotra, se déploie alors sur le mamelon, ainsi qu'un peloton de cavalerie et une section d'artillerie.

» Cependant, les Hovas, disposés en deux colonnes, avancent contre notre position, les uns remontant les pentes sud, les autres les pentes ouest du plateau par la cote 320. Avec une bravoure à laquelle ils ne nous ont pas accoutumés, ils se cramponnent au terrain à moins de 150 mètres de nos lignes, perdant beaucoup des leurs, mais occasionnant par leur feu, dans notre petite troupe, des vides sensibles.

» C'est alors que le colonel Lentonnet, jugeant avec raison ce *statu quo* meurtrier et dangereux, ordonne au lieutenant Racy et au capitaine Aubé de se lancer à la baïonnette sur les assaillants. Ces deux contre-attaques, véritablement héroïques, réussissent admirablement, et, lorsque les Hovas, revenus de leur stupeur, veulent reprendre l'offensive, ils se trouvent en présence de la 7ᵉ compagnie et d'un peloton de la 5ᵉ, venus en toute hâte de Behanana, au bruit du canon. L'arrivée de ces renforts et les pertes nombreuses qu'ils ont éprouvées décident les Hovas à se retirer sur le Béritsoka, où le général Metzinger, venu de Suberbieville avec les chasseurs, les attaque sans doute aujourd'hui.

» Pendant ce combat de Tsarasotra, nos troupes, paraît-il, ont fait preuve d'un moral et d'un courage au-dessus de tout éloge ; on cite des actes de bravoure vraiment extraordinaires, comme ce lieutenant indigène, par exemple, qui, pour se distraire, entre deux feux de salve, envoie sur la tête des assaillants une grêle de petits cailloux ; comme ce brave capitaine Aubé, qui, avec quelques malades et une maigre section, n'hésite pas à s'enfoncer en pleine masse ennemie.

» Il se crée aussi autour du combat de véritables légendes : on prétend, par exemple, que les Hovas sont commandés non seulement par des Anglais mais encore par des renégats français. Un brave tirailleur, probablement très ému, prétend avoir entendu sortant des rangs ennemis cette exclamation poussée en excellent français : « Mais avancez donc, tas de cochons ! »

En résumé, combat brillant, qui aurait pu n'être qu'une désastreuse surprise si les Hovas, prononçant leur attaque quelques instants plus tard, étaient arrivés après le départ de la garnison pour les chantiers de la route.

Vers le soir, après une journée très chaude, nous apprenons par des troupes venues de Tsarasotra que les Hovas ont été délogés du Béritsoka.

Les tirailleurs et les chasseurs ont abordé la position ennemie sans tirer un coup de fusil, à la baïonnette ; un rapide corps à corps a eu lieu, pendant lequel le lieutenant Grass a tué, de sa main, un chef ennemi ; puis les Hovas ont tourné le dos, laissant sur le terrain leurs tentes, leurs drapeaux, leurs canons et leurs fusils. Notre artillerie, établie sur les hauteurs du Béritsoka, a fait un grand massacre parmi les fuyards, qui se pressaient en désordre dans la vallée de l'Andranokély, affolés par ces deux défaites successives.

Le résultat du combat du Béritzoka est de nous faire rétrograder dans la direction de Suberbieville. Demain, en effet, nous campons à Besatrana, où nous reprendrons, hélas, les travaux de terrassements.

Entre Besatrana et Behanana (du 1er au 14 juillet).

1er juillet. — En arrivant à Besatrana, notre premier soin est de mettre le feu au village, afin de purifier l'air des miasmes cadavériques qu'il contient. Les cases, en bois très sec, brûlent comme des allumettes, avec une flamme bleue et une odeur de chair roussie qu'exhalent les corps carbonisés des habitants morts. Cette précaution sanitaire prise, nous nous établissons au bivouac le plus loin possible des ruines fumantes.

6 juillet. — Depuis mon arrivée à Besatrana, je suis immobilisé sur mon lit de camp par une douloureuse lymphangite; on ne parle rien moins que de m'évacuer sur l'arrière, en dépit de mes protestations indignées. Et ce sont pourtant les moustiques qui m'ont conduit là : leurs piqûres venimeuses ont dégénéré en véritables plaies qui se sont mises à suppurer faute de soins. Je reste donc toute la journée étendu, contemplant le paysage noir et triste qui me domine de toutes parts. Ce paysage triste et noir, ce fouillis de roches ténébreuses, de quartz brillants et scintillants, c'est pourtant le pays de l'or, un pays immensément riche, s'il faut en croire les agents de M. Suberbie, un de ces pays qui donnent le vertige, comme la Californie et le Transvaal.....

12 juillet. — Aujourd'hui, 12 juillet, à peu près guéri de ma lymphangite, je suis allé à Suberbieville régler, avec l'officier-payeur, certaines questions de comptabilité et d'habillement.

Suberbieville est toujours le village triste, morne qui m'a fait si mauvaise impression. Le séjour prolongé d'une agglomération de troupes ne lui a pas rendu la gaieté, loin de là. Dans les ruelles infectes où je chemine, je rencontre à chaque pas de misérables conducteurs kabyles, minables, efflanqués, semblables à des ombres, à des fantômes; je croise d'interminables convois de civières, de brancards, lugubres défilés où porteurs et portés paraissent aussi malades les uns que les autres, et je salue à chaque instant des enterrements qui s'en vont lentement vers les cimetières, dont les croix de bois blanc entourent le village d'une ceinture macabre.

Dès que mes affaires sont terminées, je remonte vite à

cheval, et je fuis au grand trot Suberbieville, charnier d'où monte une odeur forte de pourriture, qui me poursuit longtemps à travers le désert des grandes roches noires.

. Un peu avant d'atteindre notre camp, je rencontre mon capitaine, que l'on évacue sur l'hôpital de Suberbieville. Malade depuis quelques jours, son état s'est subitement aggravé, au point d'inspirer à son entourage des craintes sérieuses. Je lui souhaite prompte guérison, mais il me reconnaît à peine. Le conducteur kabyle, d'ailleurs, peu soucieux de s'arrêter ainsi en plein soleil, a déjà entraîné sa bête, et le triste cortège s'éloigne, dans un bruit de cantines mal amarées, vers la grande nécropole malgache.

La Fête nationale au camp de Behanana (14 juillet).

Aujourd'hui, Fête nationale, repos.

Les travaux de la route nous ont conduits sous Behanana, auprès d'un petit ruisselet qui, par exception, est ombragé d'assez beaux arbres ; c'est là que nous allons fêter le 14 juillet.

Jusqu'après la grosse chaleur, le camp garde sa physionomie habituelle ; mais, vers les 4 heures, il se réveille et s'anime. La commission des jeux, capitaine Devaux président, Dufoulon et moi membres, a fait merveille avec les modestes ressources qui lui étaient allouées. De tous côtés, les mâts, surmontés de drapeaux tricolores, s'élèvent gaiement, jetant dans ce cadre exotique une note bien française, qui rappelle la patrie.

Mais voici les jeux qui commencent, jeu du sabre, du baquet; puis les courses : courses en sac, courses sur un

pied, courses de vélocité, etc. Toutes ces distractions ont, parmi ces grands insouciants que sont les légionnaires, un énorme succès. Jusqu'au soir, le camp résonne de joyeux éclats de rire, qui contrastent singulièrement avec les râles d'agonie qu'on entend çà et là sous quelques tentes.

A 6 heures, le colonel Barre procède à la distribution des récompenses : deux boîtes de lait concentré, une bouteille de champagne, quelques paquets de tabac et un canard, un des fameux petits canetons de Trabondjy, qui sont devenus de vrais canards, bien en chair, superbes.

Après dîner, la fête continue. Le camp, éclairé par mille torches, offre un aspect très pittoresque. Jusqu'à 11 heures, les hommes dansent entre eux, aux sons d'un vieil accordéon qu'un légionnaire italien ne quitte pas plus que son ombre ; puis, lorsqu'ils sont las de danser, ils chantent des chants gais, des chants tristes, en français, en allemand, en italien, et enfin, quand la retraite sonne, ils entonnent la *Marseillaise*..... Jamais notre chant national ne m'avait paru si beau que ce 14 juillet 1895, dans ce petit coin perdu de la grande ile malgache. Je compris, ce soir-là, que la chanson de Rouget de Lisle, électrisant les masses, avait pu changer en victoires des combats incertains. Je connus, pour un moment, la force de ce puissant levier de manœuvre des généraux républicains.

De Behanana à Tsarasotra (15 juillet).

Nous partons ce matin pour Tsarasotra ; la route carrossable est achevée jusqu'à ce point ; nous allons reprendre les travaux du côté de Béritzoka.

Le pays que nous traversons entre Behanana et Tsarasotra n'a rien de bien saillant ; ce sont toujours les grandes pierres noires, toujours les coteaux jaunes, toujours la même désolation, le même désert. Cette aridité du pays n'est, paraît-il, que factice ; ce sont les Hovas, dit-on, qui, de temps immémoriaux, ont anéanti toute la flore de cette contrée médiane pour créer, entre leur pays et la riche région côtière, une sorte de désert où une armée ennemie ne puisse subsister.

Après plusieurs heures d'une marche énervante, nous traversons à gué l'Andranobevava, petit ruisseau près duquel un arbre isolé a grandi, superbe avec sa parure rouge de petits fruits minuscules qui jettent une note claire, délassante, parmi les éternelles pierres noires, les obsédantes brousses jaunes.

Peu après nous arrivons sous le mamelon de Tsarasotra, dont nous gravissons les pentes abruptes. A mesure que nous nous élevons, la vue que nous avons sur l'Ikopa

devient plus belle. Le grand fleuve malgache coule à nos
pieds, très bleu avec ses mille cascades blanches d'où émergent des roches pointues, de grandes pierres plates; il
coule torrentueux dans une large vallée tapissée de gras
pâturages vert tendre.

En arrivant au poste de Tsarasotra, j'apprends que ma
compagnie y est maintenue jusqu'à nouvel ordre comme
troupe d'étape; les trois autres compagnies du bataillon
seront poussées demain entre Tsarasotra et le Béritzoka
pour continuer les travaux de terrassement.

Séjour à Tsarasotra (du 15 au 26 juillet).

Le village de Tsarasotra, composé d'une dizaine de
cases, abritait avant la guerre une population de chercheurs d'or; ces derniers se procuraient le riche métal non
par broyage de quartz comme à l'exploitation Suberbie,
mais par le lavage des sables aurifères de l'Ikopa. Lorsqu'ils
en avaient réuni une certaine quantité, ils se rendaient
chez les Malabars de Mevetanana l'échanger contre des
bouteilles de wisky et d'absinthe ou contre de mauvaises
cotonnades d'exportation.

Aujourd'hui, le village est abandonné par ses habitants;
cela ne veut pas dire qu'il soit désert, bien au contraire.
Outre les services administratifs qui y ont installé une
annexe, le service de santé y a envoyé une section
d'ambulance; la garnison est enfin complétée par ma compagnie, qui doit fournir toutes les corvées nécessitées par
ces deux services.

Le village de Tsarasotra est perché sur un plateau étroit
et élevé, sorte de pain de sucre, entouré de tous côtés par
de profonds ravins. Ces ravins présentent une particularité
curieuse : c'est d'être remplis d'une végétation extraordinairement belle, faite de manguiers, de palmiers géants

dont les têtes affleurent à peine le sol et dont les troncs s'abîment dans ces crevasses ténébreuses.

De Tsarasotra on a une vue superbe sur les grandes plaines qui s'étendent à l'ouest de l'Ikopa; mais, au sud, à l'est et au nord, l'horizon est vite masqué par des chaînes de collines arides et nues, qui s'étagent en gradins de cirque autour du piton central que couronne le poste.

En regardant le terrain qui nous entoure, je vois très nettement toutes les phases du combat du 31; en me promenant sur les pentes du plateau, je comprends d'une façon saisissante combien la lutte y fut acharnée. Les étuis des cartouches 86 et ceux des cartouches Snieder indiquant les lignes de combat adverses sont à moins de 80 mètres les uns des autres; en certains endroits, ils sont presque mélangés.

Notre séjour à Tsarasotra pouvant être de longue durée, nos soldats ont construit, pour s'abriter du soleil, des petites cabanes de branchages; quant à nous, nous avons utilisé l'ancienne case des morts. Trop petite pour les besoins actuels, elle nous a été généreusement offerte par le médecin chef, et nous avons accepté avec empressement, trop heureux d'échapper à la fournaise de la tente.

Aujourd'hui, 16 juillet, la grosse chaleur est tombée, l'ombre des cases s'allonge sur le sol, et le camp se réveille comme ranimé par cette bonne fraîcheur du soir. Il est 6 heures; à la porte de la maison des morts, trois brancards sont alignés, et, sur ces trois brancards, trois silhouettes blanches, rigides sont étendues. Ils sont là deux légionnaires et un tirailleur. Le premier est un nommé Leupp, presque un enfant; il a expiré sans s'en apercevoir, et ses traits dans la mort étaient si calmes qu'on aurait juré qu'il dormait. Le second a eu une agonie atroce; sous le linceul blanc qui le recouvre, on croit voir encore ses grands yeux dilatés de terreur, et son long corps amaigri semble prendre dans cette position horizontale des proportions gigantesques. Le troisième est un Arabe ; la dysenterie l'a tué, et l'odeur fétide qu'exhale ce corps à peine inerte nous soulève le cœur et nous terrifie, tant la mort paraît avoir hâte d'achever son œuvre.

C'est l'heure de l'enterrement...

Le cortège se met en marche ; il est précédé par trois couronnes de feuillage, deux croix de bois blanc, un croissant..... Et ils vont l'un derrière l'autre au pas lent des porteurs, ces trois corps qui furent des hommes de pays, de religions, de langues différents, appelés par la mort à dormir côte à côte.

Nous arrivons au cimetière. A nos pieds s'étend le grand ravin de Tsarasotra, où, perdue au milieu de la brousse, se trouve la fosse commune qui renferme les restes des 300 Hovas tués dans le combat du 31 juin. A notre gauche, c'est la grande plaine de l'Ikopa avec les reflets bleus du fleuve et les taches vertes des pâturages ; à droite, le soleil disparaît derrière un rideau de collines, et là, tout près de nous, les petites croix blanches du cimetière français et les croissants du cimetière arabe s'alignent par rangées à côté des fosses vides qui attendent.

Les porteurs posent leur fardeau ; deux d'entre eux descendent dans chaque fosse ; on leur passe les cadavres dont les têtes inertes retombent en arrière. Nous nous découvrons, et un de nous récite le *Pater*, tandis que, dans le cimetière arabe, le tirailleur est enterré suivant les rites musulmans.

Hodie mihi, cras tibi! Quel sera demain ? quel sera demain pour ces hommes au visage émacié, au teint décoloré, que la mort a déjà effleurés, et qui, curieusement penchés sur les tombes, semblent vouloir sonder le mystère d'au delà ? Quel sera demain ?

22 juillet. — On meurt toujours beaucoup à Tsarasotra ; toute la journée les hommes confectionnent des croix, creusent des fosses, et tous les soirs c'est toujours le même

alignement funèbre et lugubre de cadavres blancs. Néanmoins, nous nous habituons à ces spectacles macabres, et nous côtoyons presque indifférents ce qui nous aurait tiré les larmes des yeux il y a deux mois.

Une petite mésaventure arrivée dernièrement au brave père D....., aumônier de l'hôpital, nous a fort divertis.

Le très sympathique abbé, ayant laissé dans les marais du Boéni son fidèle ordonnance, a pris pour le remplacer un légionnaire de ma compagnie.

Pour la compréhension de ce qui va suivre, il faut dire que l'ordonnance du père D... a des fonctions multiples : d'abord celles inhérentes à son métier d'ordonnance, puis celles de servant à l'office divin. Le brave aumônier, qui vit à notre popote et qui m'a pris en particulière amitié, ne tarissait pas d'éloges sur le compte de son nouveau serviteur. « C'est un bon petit garçon, disait-il, honnête, dévoué..... » Et, nous regardant avec une pointe de malice, il ajoutait : « Il faut voir avec quelle ferveur il dit toutes ses prières ; j'en suis édifié moi-même. »

Inutile de dire combien l'honnête abbé fut douloureusement surpris lorsqu'il apprit, indirectement, que son zélé catholique n'était qu'un vulgaire parpaillot.

A Tsarasotra, j'ai fait connaissance du lieutenant de réserve Durand, officier de renseignements du général Metzinger. Comme Bénévent, Durand a pris du service au moment de la déclaration de guerre ; c'est un charmant camarade avec lequel j'ai les plus agréables relations, les conversations les plus intéressantes.

Établi à Madagascar depuis sept ans, il connaît les gens et les choses de ce pays mieux que quiconque, c'est un vrai plaisir de converser avec lui. Pionnier de la première heure, il a beaucoup souffert ces dernières années dans son amour-propre de Français et dans ses intérêts commerciaux. La population de Tananarive était, paraît-il, extraordinairement montée contre nous. Au moment de l'ultimatum Le Myre de Vilers, il s'en est fallu de très peu qu'un massacre général n'anéantît la petite colonie française. La tête de Durand fut même mise à prix par un vilain moko, parent de la reine, et notre brave camarade n'échappa que grâce à la rapidité avec laquelle ses porteurs l'entraînèrent vers la côte. Il leur doit même une fière chandelle si l'on en juge par la lettre que le vieux moko, furieux, écrivait dernièrement au général Metzinger : « Vous avez auprès de vous un nommé Durand. Je vous préviens qu'il ne sera pas traité en prisonnier de guerre : il sera roué, écorché, décapité ». A quoi Durand répondit, courrier par courrier : « Si vous tombez entre mes mains, vous serez... etc., etc. ». Durand est toujours suivi d'une autre proscrite du gouvernement malgache, la chienne Diane, la bonne Diane, la fidèle Diane.

Cette excellente bête a, pour avoir encouru les foudres du gouvernement de sa gracieuse Ranavalo, commis le crime énorme de reconduire un peu vite certain tantakély (voleur) bien apparenté. Dans ce pays où voleurs et souverains pactisent, fraternisent, il faut se méfier. Diane n'a pas su discerner, voilà tout.

25 juillet. — Nous partons demain de Tsarasotra pour rejoindre les trois autres compagnies du bataillon au delà du Béritzoka ; avant notre départ, nous assistons à une scène pénible et curieuse en même temps : à la mort foudroyante d'un prisonnier hova.

Ce dernier, blessé très grièvement au combat de Tsarasotra, était considéré par tous les médecins qui l'avaient examiné comme un phénomène au point de vue médical : en vingt jours il s'était complètement guéri d'une blessure à la poitrine lésant des organes essentiels ; on avait même fait sur son compte *moult* rapports destinés à l'Académie de médecine. Et voilà que, tout à coup, sans crier gare, ce mal élevé brûle la politesse à la Faculté, anéantissant bien des espérances, bien des rêves violets.

Il transportait un sac de riz, lorsque soudain il s'arrête, porte la main à sa poitrine, et tombe raide en arrière, rendant par la bouche un flot de sang. En deux minutes l'homme plein de vie est devenu un cadavre. « Hémorragie interne, rien à faire », prononce le docteur.

De Tsarasotra au camp des Sources (26 juillet).

De Tsarasotra au Béritzoka, le pays que nous traversons est extrêmement tourmenté, mouvementé. Les travaux de terrassement y ont été très pénibles; il a fallu combler des ravins, couper des collines abruptes. Dans cette besogne de géants, la compagnie Sardi s'est particulièrement distinguée; elle a exécuté un déblai d'une quinzaine de mètres de hauteur qui produit un effet véritablement saisissant. Les hommes ont appelé cette sorte de mur taillé dans la montagne *le coup de hache*, et de fait l'escarpement rougeâtre a bien l'air d'avoir été tranché d'un seul coup par l'instrument gigantesque d'un Titan mythologique.

Après avoir traversé *le coup de hache*, nous arrivons au camp du Ponceau. Ce camp, destiné à remplacer Tsarasotra comme gîte d'étape, s'élève aux sources de la Nandrojia, au milieu d'un cadre bien vert d'arbres de toutes espèces; il est occupé actuellement par une partie du bataillon de chasseurs.

Il est 11 heures du matin lorsque nous arrivons sur la crête du Béritzoka. Ce plateau très élevé (500 mètres d'altitude) a été choisi par le général en chef comme sanatorium des troupes de l'avant-garde; on y envoie les convalescents des hôpitaux et les hommes qui, sans être gravement atteints, ont besoin de repos. Nous nous y arrêtons pour faire la grand'halte.

De l'endroit où nous sommes, nous avons une vue superbe sur la vallée de l'Andranokély. Le terrain, de plus en plus tourmenté, qui s'étend à nos pieds rappelle les sites montagneux de Suisse et des Vosges, et, pour que l'illusion soit complète, un temps gris, un temps de pluie et de vent, vient mettre l'âme en harmonie avec ce paysage nuageux, océan agité de pics élevés, d'abîmes profonds.

A 2 heures nous reprenons la marche; nous descendons dans la vallée de l'Andranokély par un petit sentier abrupt et très pittoresque, puis nous cheminons à travers le moutonnement sans fin des crêtes. Le temps s'est complètement levé, le soleil brille maintenant de tout son éclat; la marche devient excessivement pénible, beaucoup d'hommes restent en arrière..... Vers 6 heures du soir nous arrivons au camp des Sources où nous devons bivouaquer; le temps est redevenu gris et froid, le vent recommence à souffler; je me pelotonne avec bonheur dans mon manteau, sous la tente, heureux de respirer ces brouillards vivifiants qui changent de l'éternel soleil, de l'éternelle chaleur.

Du camp des Sources au camp des Rochers (27 juillet).

Ce matin, nous rejoignons le bataillon au camp des Rochers; l'étape est très courte, à peine cinq kilomètres. Un peu avant d'arriver à destination, nous rencontrons le lieutenant colonel Barre et le capitaine Devaux; l'un est mis en possession d'un emploi de son grade dans la zone d'arrière, l'autre est évacué sur France.

Notre bon colonel, ému et chagrin de quitter son bataillon bien-aimé, nous serre dans ses bras en pleurant; puis il se retourne vers les hommes et d'une voix étranglée par les sanglots leur crie : « Adieu, mes enfants; portez-vous bien. » — « Vive le colonel Barre! » répondent les légionnaires, et beaucoup essuient furtivement une larme en voyant s'éloigner, dans le bouleversement des roches, le chef adoré, si profondément bon et juste.

En arrivant aux environs du camp, nous trouvons, sur la route, les compagnies occupées aux travaux de terrassement. La pioche, que les légionnaires appellent pittoresquement le fusil modèle 1895, est toujours l'arme d'attaque du corps expéditionnaire. Tous les matins de 5 à 10 heures, tous les soirs de 3 à 5 heures, les troupes sont conduites sur les chantiers, où elles exécutent un travail pénible, anémiant, mortel. Plus nous avançons, d'ailleurs, vers l'intérieur de ce pays si montagneux, plus la tâche devient difficile, et pourtant, il ne faut pas se le dissimuler, si pénible, si cruelle que soit cette tâche, elle est nécessaire, indispensable : la confection d'une route carrossable est le *sine qua non* de l'expédition.

Après avoir traversé les chantiers, nous allons nous établir sur un petit piton qui domine le bivouac et d'où l'on jouit d'une vue superbe sur la vallée du Randriantoana.

Séjour au camp des Rochers (du 27 juillet au 15 août).

Du piton où nous sommes installés, la vue est superbe et intéressante. De ma tente, j'aperçois toute la vallée du Randriantoana et les monts qui dominent au nord la vallée de l'Ampasiry. Ces monts et surtout l'un d'eux, dénommé le point A, sont particulièrement dangereux si l'on en croit les racontars d'espions, qui prétendent y avoir rencontré l'arrière-garde ennemie, et de fait, le soir, lorsque la nuit est bien noire, on voit toujours dans la direction de ce pâté montagneux de grands feux d'or qui illuminent tout l'horizon d'une grande lueur rougeâtre.

Au camp des Rochers, il ne fait pas beau temps : les gros nuages noirs continuent à jeter sur la nature leur teinte sombre, reposante, et le vent mugit toujours, violent, soulevant autour de nous de grosses colonnes de poussière, arrachant les piquets, démolissant les tentes et les gourbis. Outre le vent, nous avons, au camp des Rochers, un autre ennemi, tout petit celui-là, mais terrible quand même, le moukafoui. Au moment du lever et du coucher du soleil, de véritables légions de ces infiniment petits se précipitent sur nous, lacérant nos visages, nos jambes de mille piqûres douloureuses..... Il faut voir l'aspect du camp pendant le règne, heureusement éphémère, de ce vilain insecte : les hommes se débattent comme des fous, comme des enragés, s'enveloppent la tête de mouchoirs, font des feux..... Rien n'y fait d'ailleurs : il faut subir les moukafouis, comme nous avons subi les moustiques, les fourmis rouges.

. . . .

Aujourd'hui 30 juillet, je suis allé au camp des Sources déjeuner avec mon excellent ami M..., sous-lieutenant au 3e bataillon de tirailleurs algériens. Le camp des Sources, que j'avais laissé il y a deux ou trois jours très désert et très calme, est maintenant en pleine agitation. Marsouins, Haoussas, Sakalavas s'y coudoient dans un tohu-bohu pittoresque et bruyant. Les Haoussas, pour la plupart anciens guerriers de Behanzin, sont des hommes superbes, non tant par l'élévation de leur taille que par leur carrure d'épaules; ils forment une troupe brave, bien entraînée, sur laquelle on peut compter de la façon la plus absolue.

Les Sakalavas ont déjà fait leurs preuves dans le courant de cette campagne, à Maroway et à Ambodimonti. Sous le très énergique commandement du chef de bataillon Ganeval, ils feront certainement merveille dès que le hasard des combats les mettra en présence de leurs ennemis séculaires. Les Sakalavas, comme nos pères autrefois, sont suivis à la guerre par leurs femmes et leurs enfants, groupe amusant, bariolé et bavard qui donne à leur camp un aspect pittoresque et..... pas très militaire. Cette grande quantité de femmes amène, paraît-il, de fréquentes disputes entre hommes; mais les braves tirailleurs, en guerriers peu galants et pratiques, se réconcilient toujours très vite sur le dos de ces dames, auxquelles d'ailleurs « maître Bâton » enlève toute velléité de révolte.

Il était écrit qu'aujourd'hui 30 juillet, je ne devais pas m'ennuyer. Après ma visite au camp des Sakalavas, j'assiste à un colloque entre mon ami M..... et son ordonnance. Cela n'a l'air de rien : eh bien, ce n'est pas banal; c'est un véritable petit drame qu'une conversation entre le vieux Tahar ben X... et son patron.

Nous étions occupés à dîner, occupation très respectable à mon avis, pas à celui de Tahar probablement, puisque, après avoir rôdé quelques instants autour de la table en bougonnant je ne sais quoi, il s'avance résolument vers M..... et dit :

— Mon litenant?.....

M... — Quoi?

TAHAR. — T'y change plus de chimise alors?.....

M... (*abasourdi*). — Mais..... qu'est-ce qui te prend, tu es fou!....

TAHAR (*vexé*). — Ah! mon litenant, moi machach maboul, toi machach pas propre, barca.....

Et le brave tirailleur, toujours ronchonnant, s'éloigne de quelques pas. Deux ou trois minutes après, nous mangions une magnifique salade taillée dans le cœur d'un rafia, voilà mon Tahar qui se rapproche.

TAHAR. — Mon litenant?.....

M... — Quoi?

TAHAR. — Donne-moi tes iffets, va!.....

M... — Zut, c'est pas le moment. Est-il crampon cet animal-là!

TAHAR (*très vexé*). — Ah! mon litenant, quis qui c'est : moi j'y veux laver tes iffets, toi y goul crampon pour moi..... Toi machach bono.....

M... (*impatienté*). — Tu ne sais pas ce que tu dis ; fiche-moi le camp.

TAHAR (*très digne*). — J'y sis pas c'qu'y j'dis?..... J'en ai seize ans de sirvice, mon litenant ; t'y en as juste deux, toi ; t'y y connais machach rien di tout..... Barca.....

Et cela continue jusqu'à ce que M..., impatienté, fasse droit aux réclamations de Sidi Tahar, qui s'éloigne en grognant : « Quis qui c'est ça?..... machach content..... olium chouia maboul..... barca..... »

— Je lui en passe beaucoup, me dit M... en souriant ; c'est un si brave homme!..... Il se jetterait au feu pour moi!

. . . .

Aujourd'hui 31 juillet, la brigade de marine a passé au camp des Rochers ; il faisait à peine jour, et toutes ces figures noires de Sakalavas et d'Haoussas donnaient au défilé un aspect profondément original et fantastique. Les troupes du général Voyron, restées jusqu'à ce jour à l'arrière-garde, vont prendre, à partir de maintenant, la tête du mouvement ; les deux brigades alterneront ensuite jusqu'au but final, Tananarive.

Notre passage à l'arrière-garde du corps expéditionnaire a pour effet immédiat de nous faire échanger nos excellents mulets de bât contre les odieuses voitures Lefèvre, que les hommes ont si justement surnommées voitures « La Fièvre ». Leur arrivée à notre campement est saluée des

huées les plus unanimes et les plus énergiques ; on leur en
veut, à ces misérables véhicules..... Certains troupiers
crachent même dessus, comme s'ils pouvaient comprendre
et souffrir des injures qu'on leur prodigue.

Du camp des Rochers à Andjédjé (5 août).

Ce matin 5 août, nous partons pour Andjédjé, où nous
séjournerons quelques jours. Nous devons améliorer le
gué de l'Ampasiry et créer de toutes pièces la route carrossable au nord et au sud de ce cours d'eau.

Après avoir descendu les hauts escarpements du camp
des Rochers, nous suivons la vallée du Randriantoana, large
rivière qui va se jeter dans la Betsiboka.

Chemin faisant, nous traversons plusieurs petits camps
abandonnés, où, détail navrant, les tombes s'alignent déjà
bien nombreuses. La mortalité devient d'ailleurs de plus
en plus effrayante, d'autant plus effrayante que les hommes
très malades mêmes ne sont plus évacués. Certains d'entre
eux, atteints de la dysenterie, n'ont seulement plus la force
d'aller à la selle ; ce sont de véritables pourritures vivantes,
de vrais moribonds, mais des moribonds énergiques qui
marchent et qui souvent meurent en déposant leur sac,
après une longue étape.

Après avoir contourné le massif du point A et traversé
le camp du 3e tirailleurs, où j'aperçois de loin M... en
grande discussion avec Sidi Tahar, nous atteignons le
campement de l'Andjédjé, vaste plateau tout nu, bordé au
nord par l'Ampasiry et finissant à pic vers l'ouest sur le
Randriantoana.

Séjour à Andjédjé (du 5 au 15 août).

Les travaux de la route tirent, paraît-il, à leur fin : tant mieux !

Le bruit si souvent mis en circulation de la constitution d'une colonne légère semble prendre consistance; cette colonne, composée des éléments les plus valides du corps expéditionnaire, se concentrerait dans la grande plaine d'Andriba et se dirigerait ensuite à marches forcées sur Tananarive, risquant le tout pour le tout.

Auparavant, il est vrai, il faut continuer la route jusqu'à Andriba et s'emparer de cette position, où les Hovas sont, paraît-il, formidablement retranchés; nous continuons donc, avec ardeur, les terrassements très pénibles dans ces terrains si durs et si rocailleux qui dominent la vallée de l'Ampasiry.

Aujourd'hui, le convoi administratif du capitaine X... nous a donné le plus réjouissant spectacle qu'il soit possible de concevoir. Les grands Sénégalais qui composent ce convoi, toujours superbes de santé et de gaieté, la pipe aux dents, le sourire aux lèvres, passaient au milieu de nos chantiers, traînant après eux leurs tout petits mulets abyssins, qui, derrière ces grands diables, semblaient de bons gros chiens tranquilles.

Tout à coup, sous je ne sais quelle influence, la scène change; les petits mulets bien calmes, pris soudain d'un accès de folle gaieté, s'emballent dans toutes les directions, jonchant le sol de leurs grands conducteurs noirs, exécutant mille gambades et semant çà et là, parmi les roches, leur chargement de julienne, de riz et de pain de guerre.

Cependant, les Sénégalais, vite revenus de leur stupeur, s'élancent avec de grands éclats de rire à la poursuite des uyards. Mais un qui ne rit pas, c'est le capitaine X...; les bras levés très haut dans un beau geste désespéré, il appelle toutes les colères célestes sur ses mulets, sur leurs conducteurs, de grandes gouapes, dit-il, qui amènent le désordre exprès pour l'embêter, de sales nègres qu'il faudrait fusiller par douzaines..... A ce moment, un petit mulet passe en gambadant à côté du grand cheval du capitaine X..., et la lourde monture, gagnée par tant de gaieté, s'emballe elle aussi, malgré les imprécations de son cavalier, qui disparaît bientôt entraîné à toute vitesse dans la direction du nord.

De la journée nous n'avons revu le capitaine X...

9 *août*. — Notre nouveau chef de bataillon, le commandant Rabot, m'a envoyé ce matin au camp des Sources. Il s'agissait d'une mission de confiance : surveiller le lotissement, en petites caisses de poids égal, des cartouches destinées au bataillon pendant la colonne légère.

Lorsque je suis arrivé à destination, il était 4 heures du soir ; l'opération n'était pas encore commencée faute de caisses. J'ai dû rentrer au camp Gros-Jean comme devant ; il n'y aurait eu, d'ailleurs, que demi mal si le retour s'était bien effectué ; mais j'ai eu la malencontreuse idée de prendre une traverse, où j'ai été surpris par les ténèbres si brusques et si profondes de ce pays intertropical.

J'ai erré longtemps parmi les ravins rocheux et escarpés qui crevassent de toutes parts le terrain, roulant parfois avec mon cheval, risquant à chaque instant de me casser le cou ; puis, en désespoir de cause et devant l'inutilité de mes efforts, je me suis couché au pied d'un grand arbre en attendant la lune. Jusqu'à 11 heures, je suis resté seul, au milieu de ces solitudes tristes, regardant çà et là rougir, dans la nuit, les grands feux de brousse allumés par les Fahavalos chercheurs d'or.

Lorsque la lune s'est levée sur le paysage chaotique qui s'élevait, bizarre, autour de moi, je me suis remis en route pour Andjédjé, où je suis arrivé à minuit passé.

10 *août*. — Aujourd'hui, je suis retourné au camp des

Sources. J'y suis arrivé de bonne heure et, j'ai pu mener à bien dans mon après-midi l'opération de lotissement.

En rentrant à Andjédjé, j'ai rencontré un convoi de conducteurs kabyles. Parmi ces pauvres diables, loqueteux, piteux, souffreteux, je fus étonné de voir un véritable enfant âgé peut-être de 10 ans au plus. Comme ses camarades, il conduisait bravement son mulet, allongeant, pour suivre l'animal, ses toutes petites jambes. Je l'arrêtai ; il me raconta alors son odyssée. Modeste « ciré mossié » à Alger et brûlant du désir de voir les lointains pays dont il entendait vaguement causer par les marins du port, il s'embarqua à l'insu de l'équipage sur un bateau en partance pour Majunga.

Pendant quelques jours, il resta prudemment caché vivant de rapines ; puis, un beau matin, il se présenta au capitaine, qui, à moins de le jeter à la mer, n'eut pas d'autre ressource que de l'emmener là où il voulait aller. Arrivé à Majunga, il suivit un convoi et prit la succession du premier conducteur décédé.

Depuis, il a promené son mulet par les grandes forêts du Boéni, échappant miraculeusement à la fièvre, et maintenant il continue ses pérégrinations dans les Ambohimena Kély, toujours bien portant, toujours insouciant, étonné seulement de cette guerre où l'on ne voit pas d'ennemi, où la poudre ne parle pas.

13 *août*. — Je viens d'être bien malade, à la suite de mes deux voyages aux Sources. Pris par une forte fièvre, je me suis évanoui en plein camp et suis resté plusieurs heures sans connaissance. Grâce à un traitement très énergique, me voilà aujourd'hui sur pied, un peu pâli, un peu maigri, mais solide et dispos. Ma convalescence coïncide d'ailleurs avec la première distribution des dons des Femmes de France, et leur excellent vin de Banyuls n'est certes pas étranger à mon prompt rétablissement. Ce premier envoi de tabacs, de vins doux et de champagne a été accueilli par

tous avec le plus grand enthousiasme. Les généreuses
donatrices ont été vigoureusement acclamées, surtout par

les vieux fumeurs, auxquels la vue de ce tabac chéri faisait
presque perdre la raison.

D'Andjédjé à Antsiafabositra (15 août).

Nous traversons aujourd'hui le pâté montagneux qui
sépare l'Ampasiry du Markoloy. C'est un pays tourmenté,
raviné. La végétation y est fort belle dans les bas-fonds,
mais sur les plateaux c'est la désolation, la pierre.

En avançant, la colonne fait lever de nombreuses pintades
sauvages, qui s'envolent en poussant de petits cris aga-
çants. Quel malheur que la chasse soit interdite!

Après une descente très rapide, nous traversons le Markoloy et nous remontons ensuite les pentes de la rive droite,
dominés maintenant par de très hauts escarpements rocheux dont le sommet se perd au milieu de gros nuages
noirs qui ne veulent pas crever. Nous nous arrêtons, d'ailleurs, peu de temps après, au pied d'une formidable montée
de 250 mètres de hauteur dont nous ne ferons l'ascension
que demain matin.

D'Antsiafabositra à la cote 750 (16 août).

L'ascension du mont Ambohimitsijona n'est pas chose facile, surtout lorsque l'on traîne après soi ces impedimenta appelés voitures Lefèvre.

La route, qui s'élève en lacets le long des pentes du mont, côtoie parfois, d'une façon effrayante, l'abîme béant et rocheux; il suffirait qu'un mulet eût peur, qu'il butât contre un morceau de quartz ou reculât dans une côte trop dure pour que conducteur, animal et voiture roulassent dans le gouffre.

Pour éviter ces sortes d'accidents, trop communs, hélas! depuis quelque temps, puisque dernièrement encore deux légionnaires évacués ont été écrasés dans le fond d'un ravin, chaque voiture est escortée d'une équipe d'hommes qui poussent à la roue et retiendraient, le cas échéant, au moyen de cordes, mulets et véhicules. Grâce à ces mesures et à la bonne volonté de chacun, le convoi, après plusieurs heures pénibles, est hissé

sur la crête militaire de l'Ambohimitsijona, où la colonne prend un repos bien mérité.

De ce point élevé, la vue sur le pays environnant est magnifique, à notre droite surtout; les hauts rochers qui dominaient notre campement d'Antsiafabositra, pareils à ces gours fantastiques du Sud oranais, élèvent leurs masses énormes, semblables à de gigantesques habitations cyclopéennes, tandis que, vers le nord, la succession des collines bleues se perd dans l'infiniment bleu du ciel.

....

Après une courte pause, nous nous remettons en route accompagné de l'explorateur allemand Wolff, un grand diable sec et long, affligé de la paire de lunettes traditionnelles et de la bobine classique des savants d'outre-Rhin. Nous nous arrêtons peu de temps après, pour bivouaquer, au sommet culminant de l'Ambohimitsijona, à la cote 750, non loin de l'endroit où la montagne se termine à pic, coupée par un affluent du Markolay.

Séjour au camp de la cote 750 (du 16 au 20 août).

La tâche qui nous incombe, au camp de la cote 750, est de celles qui paraissent impossibles tant qu'elles ne sont pas achevées.

Voici les données du problème à résoudre : Tailler une route carrossable dans un mur de 195 mètres de hauteur, et cela en trois jours..... Nous sommes, il est vrai, très nombreux pour exécuter ce travail, un millier d'hommes environ, empruntés aux trois bataillons du régiment d'Algérie.

Tous les matins donc, ce millier d'hommes s'accrochent au flanc du grand mur de terre et piochent en cadence, en comptant, pour se donner plus de force, plus de cœur à l'ouvrage.

De mon chantier, placé tout en haut des pentes, je jouis du spectacle le plus bizarre qu'on puisse concevoir : au-dessous de moi, les lignes d'hommes, indiquant les lacets de la future route, s'étagent, diminuant de hauteur jusqu'au fond de la vallée, d'où monte la rumeur incessante des cris, des jurons, des coups de pioche. Parfois, le vent très violent soulève, autour de nous, des nuages de poussière rouge qui viennent nous frapper le visage avec une force inouïe : nous sommes obligés de cesser tout travail et de nous cramponner des deux mains pour ne pas rouler le long des pentes extrêmement abruptes qui nous portent.

18 *août*, soir. — L'ouragan prend, aujourd'hui, les proportions d'une véritable tornade et le vent balaie les crêtes de l'Ambohimitsijona avec des grondements de tonnerre.

Sous la puissante rafale, nos pauvres petites tentes se déchirent et s'envolent, nous laissant transis, sans abri. Nous essayons, sans y parvenir, de réparer les dégâts ; alors, en désespoir de cause, nous nous enveloppons dans nos burnous, nos couvertures, et nous passons cette nuit glaciale à la belle étoile, derrière les rochers qui terminent le plateau.

19 *août*. — Le vent s'est un peu calmé ; les tentes sont réparées, le camp reprend sa physionomie habituelle.

Nous apprenons, dans la journée, que les troupes de la marine, campées à quelques kilomètres en avant de nous, se sont heurtées aux avant-postes ennemis. La construction de la route n'étant plus possible dans ces conditions de proximité, le général Duchesne décide de déblayer le terrain en brusquant l'attaque d'Andriba. Cette attaque sera effectuée par la brigade Voyron, à laquelle sera adjoint le bataillon de légion. Nous reprenons donc demain la marche en avant.

De la cote 750 au camp X (20 août).

La descente des pentes méridionales de l'Ambohimitsijona et l'ascension des collines qui s'élèvent au sud du ravin s'opèrent sans accidents, malgré les immenses difficultés que présente le terrain. Ces passages dangereux effectués, la colonne ne rencontre d'ailleurs plus d'obstacles sérieux ; elle s'avance sur un plateau pierreux, dont quelques bouquets d'arbres viennent, çà et là, rompre la triste monotonie.

Les troupes de la marine, en marche à quelques kilomètres devant nous, laissent ce matin beaucoup de traînards : la route en est jonchée. L'un d'eux, un tout petit maigre, avec de grands yeux brillants, nous regarde mélancoliquement passer. Je lui crie : « Allons ! un peu de courage, camarade, l'étape n'est pas bien longue ce matin ! » Il secoue tristement la tête et me répond très bas : « C'est fini, je ne peux plus..... » Nous n'avons pas fait cinquante mètres qu'une détonation retentit : c'est le petit soldat, las de souffrir, qui vient de franchir d'un bond la grande étape terrestre, espérant sans doute trouver là haut, dans le pays céleste, le repos et le calme..... Et je me prends à songer aux pauvres parents du petit désespéré, qui ne se doutent sûrement pas, ce 20 août 1895, du drame qui se déroule sur le grand plateau malgache, aux environs d'un village appelé Andranomiangana.

. . . .

Nous nous arrêtons au bivouac, près d'une source bien ombragée, dans un petit bas-fond dominé de tous côtés par des collines pierreuses. Du haut de ces collines, la vue est superbe et intéressante. Là-bas, vers le sud, au milieu de fouillis de pics et de mamelons, on aperçoit, dans un lointain bleu, le pic d'Andriba, dont la masse fortement charpentée semble écraser le pays environnant. Plus près, on voit très distinctement à la jumelle les premiers camps hovas, reconnaissables à la fumée qui les couronne, aux arêtes droites des retranchements qui les entourent, et, plus près encore, sur les collines qui nous dominent, presque à portée de fusil, on peut remarquer des éclaireurs, des isolés ennemis allumant de grands feux, des signaux, probablement destinés à annoncer notre arrivée.

Vers les 3 heures du soir, l'artillerie de campagne, spécialement appelée de l'arrière pour participer à l'attaque d'Andriba, fait son entrée dans notre camp. Le lieutenant qui la commande nous dit au prix de quels efforts ses canons ont été amenés jusqu'ici : il a pensé en perdre la tête; mais il compte se dédommager largement de ses peines en envoyant demain à messieurs les Hovas une carte de visite datée de Soavinandriana...

Ce soir, je suis monté sur la colline qui domine le camp, espérant voir les feux des bivouacs ennemis, mais le ciel et la terre étaient noirs comme de l'encre, et le vent soufflait si rudement que je suis vite redescendu sous ma tente.

Du camp X au camp de la cote 660 (21 août).

Aujourd'hui 21 août, mon peloton est chargé d'escorter le convoi de l'état-major du corps expéditionnaire. Pénétré de l'importance de ma mission, je fais immédiatement passer les voitures confiées à ma garde en tête du convoi général, ce qui me vaut une attrapade monstre de la part d'un capitaine d'infanterie de marine. « Monsieur, apprenez, me dit-il avec assez peu d'à-propos du reste, que, quand les troupes de la guerre ont l'honneur de marcher avec celles de la marine, elles doivent avoir le bon goût de rester derrière. » A quoi je réponds : «Convoi de l'état-major général.» Et je passe.....

Nous ne tardons pas à arriver sur le grand

plateau qui domine à pic la vallée de l'Andranomiangana et le village de Soavinandriana. Au loin, du côté d'Amby, de Malatsy et sur les hauts pitons qui s'élèvent en pains de sucre à l'est de ces deux villages, les bandes avancées de l'ennemi jettent leurs éclatantes taches blanches ; tout près de nous, dans la vallée de l'Andranomiangana, nos troupes sont massées ; elles font le café, en attendant le convoi et l'artillerie de campagne, que les difficultés énormes du terrain ont arrêtés à plusieurs reprises.

Le convoi dégringole assez facilement les pentes abruptes de Soavinandriana et arrive vite au lieu de rassemblement de la colonne. Il n'en est pas de même de l'artillerie. Les pièces de campagne, avec leur poids relativement considérable, ne peuvent être retenues comme une simple voiture Lefèvre, comme un vulgaire mulet ; il faut les démonter. On les démonte donc ; mais, malgré les efforts de deux compagnies d'Haoussas, les lourds blocs d'acier ne peuvent être déplacés. Le général Duchesne, en présence de ce résultat négatif, donne l'ordre de remonter les pièces et de les ramener en arrière. Le pauvre lieutenant X... et ses artilleurs en pleurent de dépit et de rage.....

Vers 1 heure de l'après-midi, nous reprenons la marche sur Andriba, en suivant la rive droite du Kamolandy, belle rivière qui jette ses reflets bleus parmi les étendues vertes des rizières et des cannes à sucre.

Chemin faisant, nous rencontrons dans les hautes herbes le corps d'un soldat hova traversé par une balle. Il est tombé sur le ventre, et ses deux longs bras maigres allongés lui donnent l'apparence d'une grande araignée.

A mesure que nous gagnons du terrain, l'ennemi abandonne ses positions avancées pour se replier sur celles du col et du pic d'Andriba, qui sont maintenant à moins de 10 kilomètres de nous.

A 2 heures du soir, nous nous arrêtons à la cote 660. Le général en chef, en présence de la position formidable de l'adversaire, craint d'engager le combat à la nuit tombante avec des troupes fatiguées ; le grand coup sera donc pour demain seulement.

Vers 4 heures, le bataillon sakalava, poussé en avant-postes à Ambountona, de l'autre côté du Kamolandy, est accueilli par une violente canonnade qui lui tue deux hommes. Dans le ciel déjà très sombre et sur le fond plus sombre encore du pic colosse, les obus ennemis laissent de grandes traînées lumineuses semblables à autant d'étoiles filantes. Le spectacle est réellement beau ; nous regardons sans rien dire, et nous restons là jusqu'à ce que, l'orage apaisé, le ciel ait repris son grand calme majestueux.....

Combat d'Andriba (22 août).

Le coup de sifflet indiquant le réveil résonne qu'il est encore nuit noire ; les tentes sont pliées, les sacs sont rangés dans le plus grand silence. Il fait à peine jour lorsque nous quittons le camp, il fait encore très froid lorsque nous traversons le profond fossé du Kamolandy.

Nous nous arrêtons à Ambodiamontana, où toute la colonne est concentrée ; devant nous, la position ennemie apparaît dans toute sa force : c'est une gigantesque tenaille dont les bras formidables seraient le mont Andriba et le mont Hiandrereza. De tous côtés, sur les énormes contre-forts de ces masses rocheuses, les tranchées, les fortins, les batteries s'élèvent barrant tous les petits sentiers, battant tout le terrain environnant. Si les Hovas veulent défendre bravement cette inexpugnable position, c'est par centaines que nous compterons nos morts ce soir.....

Cependant il est 6 h. 30, le général Voyron avec deux bataillons et quatre pièces vient de partir pour le mont Hiandrereza ; il a ordre de s'emparer de cette position et de se rabattre ensuite sur les ouvrages du col qu'il prendra à revers. Le reste des troupes, sous le commandement du général Duchesne, attaquera de front la position.

Vers 9 heures, pas un coup de canon, pas un coup de fusil n'a encore été tiré; ce silence est réellement énervant. Tout à coup, le bruit se propage avec une grande rapidité que les Hovas ont évacué la position. Quelques patrouilles envoyées en avant rapportent en effet que tous les ouvrages sont abandonnés. Pas crânes nos ennemis !....

Puisque les Hovas ne veulent pas défendre leurs positions, nous n'avons qu'à les occuper. La colonne se rassemble donc et prend la direction du col. Nous passons à Ambontona, où a eu lieu l'engagement d'hier soir; c'est un tout petit village entouré de cactus; la moitié de ses maisons a été incendiée par les obus, l'autre moitié a été utilisée pour soigner les blessés, au nombre de cinq. Après avoir dépassé Ambontona, nous gravissons les premières assises du col d'Andriba. Les positions ennemies, vues de près, sont, si possible, plus formidables encore que de loin. Pour y accéder il faut gravir des pentes abruptes, admirablement battues par des ouvrages voisins; enfin, chaque mouvement de terrain est gardé par trois ou quatre ouvrages placés en profondeur sur les différentes crêtes militaires A. B. C.... du mouvement. Derrière les retranchements s'étendent les camps, véritables petites villes composées de paillottes de brousse dans lesquelles la vermine, les entrailles des bêtes abattues, les déjections humaines s'étalent puantes et malsaines. Nous mettons vite le feu à ces foyers épidémiques qui brûlent avec de grandes flammes bleues.

Lorsque nous atteignons le sommet de cette grandiose trouée, dominés par la masse sauvage et abrupte du mont, la vue dont nous jouissons est infiniment belle. A nos pieds, la plaine d'Andriba, couverte de rizières, s'étend au loin, sorte de vaste mer verte, qui déferle et se brise sur les assises rocheuses des monts qui l'entourent de toutes parts.

Au milieu de ces flots verts, des îlots rouges, les villages construits en pisé, viennent jeter leur note plus sombre, et par-dessus tout cela le soleil couchant laisse errer ses derniers rayons plus pâles et plus mélancoliques.

Il est 6 heures du soir lorsque nous atteignons notre campement. La nuit tombe; devant nous, Andriba et Mangasoarina sont en flammes, et, derrière nous, le mont, incendié par des mains invisibles, s'embrase tout à coup, profilant sa grosse silhouette rouge sur le fond noir du ciel. Le long de ses pentes, de véritables cascades de feu descendent vers la vallée, envoyant jusque sur nous leurs flammèches d'or; le spectacle est féerique.

Séjour au camp d'Andriba (23 et 24 août).

23 *août*. — Ce matin, deux reconnaissances ont été dirigées vers le sud jusqu'à l'entrée des gorges du Mamokomita et du Firingalava. Au cours de leur marche, nos troupes ont rencontré de forts groupes ennemis qui se sont enfuis à leur approche; elles ont également constaté que les Hovas ont tout brûlé, tout détruit, avant de se retirer. Dans cette grande plaine d'Andriba, hier encore si peuplée, si riche, on ne rencontre, paraît-il, aujourd'hui, que ruines et cadavres.....

J'en acquiers d'ailleurs moi-même la navrante certitude en visitant le hameau d'Andriba. Les maisons de pisé, tristement écroulées, fument encore, et çà et là, parmi les débris noircis, on rencontre des corps défigurés, tordus par une agonie douloureuse. A côté du village, beaucoup de fosses à peine recouvertes s'ouvrent béantes, laissant entrevoir les lambas mortuaires qui entourent les cadavres, exhalant une odeur de pourriture qui vous prend à la gorge. Parmi ces fosses, de nombreux chiens indigènes, féroces et affamés, grattent le sol pour déterrer une proie;

lorsqu'ils m'aperçoivent, ils se sauvent en poussant de mauvais grognements.

En revenant au camp, écœuré de ces spectacles macabres, j'apprends une nouvelle qui me plonge dans la plus grande consternation. Le colonel Barre est mort; l'homme bon et juste, le chef adoré qui a partagé notre vie de misère pendant près de quatre mois n'est plus. Lui aussi a été victime de ce terrible climat qui nous décime; il a succombé, paraît-il, à un accès pernicieux gagné là-bas du côté d'Ankaboka..... Je suis atterré, et, tout en rêvant très mélancoliquement, je revois encore le brave homme disparaissant parmi le chaos des roches entre le camp de la légion et celui des sources, et nous criant : « Au revoir, mes enfants! » Non, mon Colonel, ce n'était pas au revoir, c'était adieu !

24 août. — Les reconnaissances d'hier ayant signalé l'ennemi en pleine retraite, le général en chef décide de reprendre dans les plus brefs délais les travaux de terrassement. Nous ferons donc demain face en arrière et rétrograderons sur Soavinandriana. La partie de route carrossable qu'il nous reste à faire est d'ailleurs très courte, environ 20 kilomètres de Soavinandriana à Andriba. Dès que cette tâche sera achevée, les convois préparés à l'arrière et les troupes faisant partie de la colonne légère convergeront sur Andriba, d'où elles partiront pour la marche rapide sur Tananarive.

Aujourd'hui, 24 août, repos; l'explorateur allemand Wollf, en faisant l'ascension du mont Andriba, a découvert dans différents silos environ dix mille kilogrammes de riz. Voici une trouvaille qui vient à pic pour faciliter l'approvisionnement de la colonne légère.

Séjour au camp de la **Pierre-Levée** (du **25** août au **2** septembre).

25 août. — Nous refaisons aujourd'hui à la bonne fraîcheur la route si péniblement parcourue au grand soleil d'avant-hier; le sommet du mont est enveloppé ce matin d'une sorte de brouillard gris; il fait presque froid... Nous arrivons de bonne heure à notre bivouac situé non loin de Soavinandriana; c'est un grand plateau nu au milieu duquel se dresse une longue pierre plate, haute de plusieurs mètres. En son honneur nous appelons immédiatement notre camp, « Camp de la Pierre-Levée ».

26 août. — Les travaux de terrassement ont été repris ce matin; le terrain est assez mou et la tâche avance vite. Nous avons comme voisins de travail les nègres du bataillon haoussa. Pour s'exciter à l'ouvrage, ils chantent toute la journée une chanson monotone et rythmée qui fait soulever et abattre toutes les pioches ensemble...

29 août. — Aujourd'hui, 29 août, un personnage bizarre, coiffé d'un superbe turban, constellé de nombreux crachats, armé d'un énorme yatagan, débarque à notre camp : c'est Sélim, prince héritier des Comores, qui se rend à Andriba saluer le général Duchesne. L'officier qui l'a conduit jusqu'à la Pierre-Levée le passe en consigne au commandant Rabot, qui désigne, pour l'accompagner jusqu'au camp suivant, le capitaine X... Celui-ci, très ennuyé d'une pareille corvée, monte à cheval, en maugréant; chemin faisant, il rencontre le lieutenant Y... des Sénégalais, qui lui crie : « Qu'est-ce que vous remorquez donc après vous, mon capitaine ? — Ah! ne m'en parlez pas, c'est un vilain négro qui se dit prince des Comores et que, malgré sa principauté, j'enverrais bien à tous les diables si je le pouvais. — Le fait est, repartit Y..., qu'il est rudement laid, votre pensionnaire. — Laid à faire avorter une vieille sakalave, ajoute le capi-

taine X... — Allons, au revoir, mon capitaine, n'en rêvez pas
cette nuit. — Ni vous non plus; au revoir, Y... » Pendant
tout ce colloque, le prince Sélim était resté le sourire aux
lèvres, comme quelqu'un qui ne comprend rien; aussi
quelle ne fut pas la stupéfaction du capitaine X..., lorsque, arrivé à destination, son compagnon de route lui dit
gracieusement, en excellent français : « Merci, mon capitaine, de votre obligeante conduite. ».................

. . . .

Presque tous les jours, au camp de la Pierre-Levée, nous
voyons passer de grands troupeaux de bœufs conduits par
M. S... Lorsqu'on voit M. S... pour la première fois, on
reste interloqué et perplexe; on se demande si l'on a devant soi un homme, une femme ou un hérisson. C'est, en
effet, un être bien bizarre que M. S... De loin, c'est une
petite boule qui roule plutôt qu'elle ne marche; de près,
en y mettant beaucoup de bonne volonté, on arrive à découvrir, au milieu des cache-nez, des tricots et des burnous, un petit bonhomme gras et barbu, sorte de Tartarin
hérissé de poignards, de sagaies et de pistolets.

M. S... est Français, mais il y a si longtemps qu'il a
quitté la France pour Madagascar,
qu'il ne sait plus au juste s'il est
de Perpignan ou de Dunkerque. Il
parle encore sa langue maternelle,
mais il l'écorche odieusement. Quant
aux sentiments de M. S... ils sont
excellents; M. S... est chauvin,
d'autant plus chauvin d'ailleurs que ses intérêts y trouvent leur compte. Car, ne vous
en déplaise, M. S... est un des gros fournisseurs du corps
expéditionnaire, et, quand il passe au milieu de nos camps,
fier et ventru, bien carré sur sa mule blanche, la tête pro-
tégée par une belle ombrelle rouge, insensible aux quoli-

bets des troupiers, on reconnaît bien que c'est un homme qui a le sentiment de son importance. Les héritiers de M. S... seront probablement riches, ils auront sans doute de beaux salons dorés ; s'ils sont reconnaissants, ils mettront à la place d'honneur le portrait de l'ancêtre. Eh bien ! non, père S..., je ne vois pas votre grosse tête de vieux bandit sakalave accrochée parmi les lambris dorés d'un salon parisien.....

30 août. — Aujourd'hui, 30 août, le capitaine B... reprend le commandement de ma compagnie ; il est complètement remis de ses fièvres et ne demande qu'à marcher. Il est grand temps, d'ailleurs, de le faire si l'on veut amener quelques hommes encore valides à Tananarive. Nos effectifs fondent d'une façon navrante ; les compagnies sont réduites à soixante-dix, soixante-quinze hommes ; des unités constituées entières ont disparu. La mort égalitaire ne frappe pas que le soldat, les officiers lui paient aussi un large tribut... La liste est déjà longue de ceux qui ne reverront plus la France !

. . . .

Du camp de la Pierre-Levée au camp d'Andriba (2 septembre).

La route est finie ! Dieu soit loué ! Nous allons coucher ce soir au camp d'Andriba, et demain nous partirons pour Mangasoarina, lieu de rassemblement définitif de la colonne légère.

Du camp d'Andriba à Mangasoarina (3 septembre).

Ce matin, 3 septembre, nous quittons Andriba sur une triste vision, celle d'un légionnaire pendu haut et court à une branche de manguier.

Après avoir traversé la grande plaine d'Andriba, toujours déserte et morte, nous arrivons sur le plateau de Mangasoarina où nous établissons notre bivouac.

Le plateau de Mangasoarina est entouré par trois cours d'eau dont le plus important, appelé Mamokomita, roule une eau claire et limpide ombragée par des arbres de toute beauté. C'est sur ce plateau que les troupes destinées à la colonne légère vont se rassembler, c'est de là qu'elles partiront, dans une dizaine de jours, dit-on, pour la capitale de l'Émyrne.

Séjour à Mangasoarina (du 3 au 14 septembre).

Au camp de Mangasoarina on se prépare activement au grand départ. Les hommes trop souffrants pour supporter les fatigues énormes qui vont nous échoir sont évacués sur l'hôpital d'Andriba; ils seront remplacés dans les compagnies par cent cinquante hommes de renfort arrivés dernièrement d'Algérie.

Pour ce qui est des Hovas, on en entend à peine parler; ils ont abandonné presque entièrement le plateau du Tafofo, où ils s'étaient établis après la prise d'Andriba; ils ont reculé, paraît-il, jusqu'aux gorges de Tsynainondry. Le bataillon sakalave, parti dernièrement en reconnaissance sur le Tafofo, n'a rien rencontré. Cependant, une de ses patrouilles, commandée par un sergent indigène, a failli tomber dans un guet-apens, mais il y a tout lieu de croire que les auteurs du guet-apens sont des Fahavalos et non des Hovas.

Le sergent, en effet, interpellé par plusieurs individus dans sa langue maternelle, s'avança sans défiance; lorsqu'il fut à bonne portée il essuya une dizaine de coups de fusil. Sans s'émouvoir, il se mit alors à genoux et fit un feu à répétition sur ses agresseurs, qui s'enfuirent à toutes jambes, emportant plusieurs blessés.

Revue du 12 septembre.

Ce matin, 12 septembre, le grand cirque d'Andriba était encore plongé dans l'ombre matinale, et pourtant les lueurs plus claires qui frangeaient le mont annonçaient le soleil. Une légère brume flottait dans l'atmosphère et les montagnes qui de tous côtés ferment l'horizon semblaient plus lointaines et plus élevées. Leurs lignes continues, hérissées de pics aux formes bizarres, étaient si vagues que l'on ne voyait même pas les failles profondes où les eaux du Firingalava et du Mamokomita forcent la montagne.

Et pourtant, dans la direction du sud, on croyait apercevoir les hauts sommets du Tafofo, et, est-ce l'illusion d'un œil prévenu? ces hauts sommets, si chauves et si nus d'ordinaire, semblaient s'être couverts spontanément de la floraison blanche d'une multitude de lambas blancs. C'était si lointain, d'ailleurs, qu'on pouvait s'y tromper.

Cependant le soleil montait et presque aussitôt, dans toute la splendeur de sa chaleur et de son éclat, il inondait de ses rayons la nature malgache.

Nous étions silencieux, pas un cri, pas un murmure, pas un souffle, et pourtant 1.500 hommes étaient là rangés. Ils étaient, il est vrai, si affaissés, si déprimés, si pâles, qu'on aurait cru bien plutôt voir des morts que des vivants. Leurs vêtements étaient en lambeaux, leurs souliers en pièces; leurs casques trop grands pour leurs têtes amincies tombaient sur leurs épaules, couvrant presque entièrement des visages jaunis où des yeux couleur de fièvre semblaient seuls exister. Et ils paraissaient si minables, si pauvres, si misérables, qu'inconsciemment les pleurs en venaient aux yeux.

Mais une sonnerie de clairon éclate; tous se redressent, car ces mourants à défaut de force physique ont une grande force morale. Survivants d'une armée de 15.000 hommes, ils ont laissé presque tous leurs compagnons d'armes dormir leur grand sommeil là-bas, dans les pays maudits où la fièvre est maîtresse, et ils savent que la tâche n'est pas achevée. Ils se redressent donc, rendant ainsi un hommage suprême à l'homme qui les commande, au chef qui a su faire passer dans l'âme de chacun l'énergie farouche qui l'anime... Et lui, l'œil dans le vague, l'esprit sans doute tout rempli de l'inconnu vers lequel il se lance, tout courbé par la maladie et le souci, il alla se placer au centre. Et l'on vit alors un miracle. Ces hommes que nulle force humaine semblait ne plus pouvoir remuer, ces squelettes s'ébranlèrent et, tendant automatiquement des jarrets débiles, ils défilèrent aux sons des clairons poitrinaires.

Et là-bas, sur le Tafofo, il me sembla que la floraison blanche s'évanouissait.

COLONNE LÉGÈRE

De Mangasoarina au Tafofo (14 septembre).

Le 14 septembre, de bon matin, les premiers éléments de la colonne légère se mettent en route. Quelques pessimistes appellent cette marche *le suicide du général Duchesne*, mais la grande majorité est heureuse. Nous allons enfin sortir de cette inaction mortelle si préjudiciable au moral de tous, nous allons chercher jusque chez eux ces ennemis insaisissables qui seront bien forcés de s'arrêter quand nous les menacerons dans leurs biens, leur famille, leur pays; et si l'issue de la campagne ne doit pas être considérée comme certaine, mieux vaut encore risquer beaucoup, échouer peut-être, que de mourir lentement, mais sûrement, des terribles effets de la saison des pluies.

L'Émyrne est pour nous ce que l'Italie fut autrefois pour les soldats de Napoléon; là nous trouverons l'abondance, le repos après les fatigues ; c'est le but enfin que nous devons atteindre pour pouvoir nous présenter en France la tête haute.

Nous partons donc ; en traversant le ruisselet de Mangasoarina, les mille oiseaux bleus, verts et rouges, qui nichent dans les hauts arbres nous envoient, par la fanfare éclatante de leurs chants, comme un souhait de bonne chance, comme un joyeux au revoir.

Après être sortis du grand cirque d'Andriba, nous entrons dans le défilé du Mamokomita. C'est un pays d'aspect très sauvage, heurté, dénudé. D'énormes blocs pierreux, détachés des parois latérales, ont roulé dans le lit du fleuve, qui lui-même, profondément encaissé, roule avec fracas sur une pente à 45 degrés.

La marche est très pénible : jamais les moukafouis n'ont été si nombreux que ce matin. Ils nous harcèlent de leurs piqûres d'épingles qui font jaillir sur nos peaux blanches de petites perles rouges. A trois reprises nous traversons le Mamokomita, non sans y laisser deux mulets entraînés par le courant. Au dixième kilomètre, nous arrivons au pied du mont Tafofo qui ferme au sud le défilé du Mamokomita. Ce massif est un point stratégique de premier ordre. Les Hovas avaient pensé l'utiliser pour nous barrer le chemin d'Ampotaka, mais l'établissement de notre camp à Mangasoarina leur fit abandonner ce projet. Néanmoins, nous trouvons en arrivant sur le plateau un système d'ouvrages très complets auxquels il ne manque que des défenseurs, ce dont vraisemblablement nous devons nous féliciter, car la position paraît inexpugnable.

Le Tafofo a sur les vallées environnantes un commandement d'environ 300 mètres, il est sillonné de rides parallèles allant de l'est à l'ouest. Nous trouvons sur une de ces rides les retranchements de seconde ligne des ouvrages abandonnés, ils sont jalonnés par d'immenses perches couronnées de non moins immenses cornes de bœuf qui jouent

à Madagascar le même rôle que les fanions de commandement dans une armée européenne.

Les traces du passage des Hovas deviennent de plus en
plus nombreuses, des cendres encore chaudes, des couffins
remplis de riz, des morceaux de lamba indiquent la précipitation avec laquelle le départ s'est effectué.

A midi, nous arrivons au campement; nous ne pouvons
attendre nos bagages avant 6 heures du soir, aussi dé-
bouchons-nous une boîte de conserves que nous nous mettons à dévorer à belles dents. Nous avons à peine commencé notre frugal repas qu'un de nos camarades arrive
en courant et nous annonce qu'on voit les Hovas en grand
nombre à deux ou trois kilomètres au plus. Nous ne pouvons en croire nos oreilles, et malgré les traces récentes
que nous venons de relever, nous pensons tous à une
mystification. Néanmoins le teint animé de notre brave
camarade finit par nous convaincre; nous le suivons, et à
200 mètres plus loin, après avoir franchi une petite crête
qui masquait nos vues, nous arrivons tout à coup sur le
bord du plateau.

Le spectacle est magnifique. Pendant toute la matinée
nous avons marché avec un horizon relativement borné;
maintenant c'est à perte de vue que le regard peut errer.
Nous dominons de deux cents mètres la large vallée du
Firingalava. A l'est et à l'ouest, les hauts escarpements
qui l'entourent se dressent tout dénudés et tout pierreux;
au sud, les hauteurs de Tsynainondry, placées au centre de
la dépression, barrent la route d'Ambouinore et semblent
défier le passage; d'énormes marais s'étendent entre ces
trois massifs, et sur le bleu de ces marais les manguiers
et les cactus d'Ampotaka jettent une tache vert sombre.
Dans ce décor, une multitude de points blancs remuent,
se déplacent; les uns marchent en groupe, les autres sont
en ligne et paraissent remuer la terre. Notre arrivée sur le
plateau est sans doute signalée, car l'agitation s'accentue

dans l'immense fourmilière qui grouille à nos pieds, et, bien que nous soyons à deux ou trois kilomètres de l'ennemi, un bruit confus, une rumeur très vague, semble monter jusqu'à nous. Je m'installe avec plusieurs camarades à l'ombre d'un rocher situé à environ 80 centimètres du bord du plateau qui se termine par un à pic parfait. J'ai un peu le vertige au début, mais la vue est si belle et le spectacle qui se déroule sous nos yeux si intéressant, que j'arrive facilement à vaincre mon antipathie pour les positions élevées.

A notre droite, quelques coups de feu se font entendre : ce sont les avant-postes hovas qui tiraillent sur les nôtres.

A 5 heures, le général Duchesne arrive d'Andriba, suivi de son état-major. La lunette de batterie est immédiatement dressée et le commandant en chef de l'expédition explore les positions formidables sur lesquelles l'ennemi a l'intention de nous disputer le passage.

Nous sommes tous anxieux des décisions prises : serons-nous en tête ou en réserve, recevrons-nous enfin ce baptême du feu si ardemment souhaité ?.....

Cependant; le bruit transpire rapidement que le bataillon de légion n'aura pas à se plaindre de la tâche qui lui est réservée; cette heureuse nouvelle nous est confirmée par le lieutenant Rose, qui se trouvait aux côtés du général pendant que ce dernier dictait les ordres.

La position sera attaquée au centre par une colonne composée de la légion, du 2e bataillon de tirailleurs algériens et de l'artillerie, à droite par les Sakalaves, à gauche par le 3e bataillon de tirailleurs algériens.

Le soir, nous dînons gaiement en compagnie du camarade Rose. Burchard nous a fait un menu fort humoristique, relatant par avance les incidents de la journée de demain. On y voit entre autres choses toute l'armée hova fuyant devant la terrifiante vision du casque blanc... et, au milieu de ces sujets guerriers, on peut lire en toutes lettres : « Crêpes à

la Tafofo ». C'est une surprise du toujours fidèle Pagnard,
qui nous avoue ingénument s'être dégrouillé sur la
farine de l'administration et le lait du docteur. Après ce
plantureux repas, nous allons nous coucher, non sans
avoir été encore une fois jeter un coup d'œil sur la large
vallée du Firingalava, où brillent maintenant des milliers
de feux...

Combat de Tsynainondry (15 septembre).

Ce matin, un coup de sifflet a donné le signal du réveil;
les préparatifs de départ ont lieu dans le plus grand silence, il fait complètement nuit. Le bataillon malgache, qui
doit exécuter un grand détour, part bien avant les autres
colonnes ; il passe tout à côté de notre bivouac, nous lui
souhaitons bonne chance. Nous partons nous-mêmes avant
qu'il fasse plein jour, le général veut brusquer l'attaque
et aborder les Hovas avant qu'ils n'aient le temps de se dérober. Malgré les précautions prises, notre départ est rapidement signalé et Ampotaka en flammes, gigantesque
flambeau, indique à l'ennemi que nous marchons à lui.
Rien de triste comme cet incendie matinal qui jette ses
lueurs rouges parmi les lueurs plus blafardes du jour
naissant. Les cris des gens et des animaux ont je ne sais
quoi de sinistre qui fait passer des frissons à fleur de peau.

Sur ces entrefaites, la colonne du centre descend le chemin en lacets qui conduit au pied du Tafofo. Ce sentier
extrêmement étroit donne juste passage à un homme de
front et rend la profondeur de la colonne considérable.

Le jour commence à se lever, l'ennemi doit distinguer
nos troupes.

La descente achevée, le bataillon se reforme et continue
sa marche sur une sorte de dos d'âne bordé de petits ravins. A notre droite, de très nombreux coups de feu se font
entendre; la fumée, très épaisse, ne monte pas dans l'air hu-

mide et nous cache le théâtre de la lutte : ce sont, sans
doute, les Sakalaves qui ont rencontré l'ennemi.

Arrivée au point M, notre colonne s'arrête ; la compagnie
C... est envoyée sur Ampokata, la compagnie B... reçoit
l'ordre d'occuper la crête située à l'est de ce village, tandis
que les premières et quatrièmes compagnies, en réserve, se
portent avec le colonel Oudri en N. Le troisième bataillon
de tirailleurs déboîte en même temps à gauche et gravit
les hauteurs qui dominent à l'est la vallée du Firingalave
pour tourner les batteries A, B, C.

La traversée des marais d'Ampotaka est particulièrement difficile, nous pateaugons dans l'eau jusqu'aux

genoux à travers d'immenses plantes aquatiques d'où
s'échappent des nuées d'oiseaux avec de grands cris
étranges.....

La compagnie C... vient d'occuper Ampotaka sans incidents, mais lorsque nous arrivons sur la crête qui nous a
été désignée, une grêle d'obus et de balles, salut des batteries A_2, B_2, vient labourer le sol sous nos pieds. L'ava-
lanche est si subite, je dirai presque si inattendue, que le
capitaine s'écrie du ton le plus naïvement comique : « Mais
ils nous tirent dessus, les bougres ! » Certainement, ils
nous tirent dessus et pas à blanc encore, car un obus en
excellente fonte vient, avec un ronflement sonore, de se
ficher en terre entre les deux dernières files de ma section

jetant six hommes les quatre fers en l'air. Heureusement, ils en sont quittes pour la peur, personne n'est touché. Néanmoins, le capitaine B... juge prudent de nous mettre à l'abri en attendant l'arrivée des autres compagnies. Le colonel Oudri ne tarde pas, d'ailleurs, à arriver avec la réserve et la marche en avant est reprise. Les compagnies Courtois et Bulot enlèvent la crête P Q après un vif engagement qui nous coûte un homme tué et un blessé. La compagnie Perrot vient alors renforcer la chaîne, mais le mouvement en avant est de nouveau arrêté par le feu des batteries A, B, A_1, B_1, A_2, B_2.

La position du bataillon est même extrêmement critique. Les troupes chargées des mouvements de flanc et l'artillerie, ayant rencontré un terrain très accidenté, sont en retard et la légion supporte tout le choc de l'armée hova. Le colonel fait coucher les hommes et ordonne des feux de salves à 1.800 et 2.000 mètres sur les batteries A, A_1, A_2 et sur l'infanterie ennemie qui semble vouloir opérer un retour offensif, Ma section est à l'extrême droite de la ligne, elle tire alternativement à 1.200 mètres sur des groupes de fuyards et à 600 mètres sur une ligne de tranchées que ses défenseurs ne veulent pas abandonner. Mes hommes sont superbes de calme et de sang-froid et chacun de leurs feux disperse les lambas blancs comme une volée de moineaux. Bientôt la tranchée elle-même se vide comme par enchantement; cela mérite, d'ailleurs, d'être raconté.

Un des défenseurs, estimant sans doute la résistance suffisante, se lève, explore vite le terrain, prend son parti et file au pas de course sans aucune sorte de respect humain; la tranchée entière, inquiète, frémit; deux ou trois autres hommes se lèvent alors, regardent, et..., comme leur camarade, filent à l'anglaise; c'en est trop pour le moral chancelant des intrépides guerriers de Ranavalo. Comme un seul homme, comme ces diables poussés hors de leurs boîtes par des ressorts, ils surgissent tout à coup derrière les parapets et s'évanouissent rapidement dans les mille ravins qui sillonnent le terrain, s'allégeant de leurs armes et de leur matériel pour courir plus vite. Nous saluons cette fuite grotesque de nos huées les plus énergiques.

Le général Duchesne vient d'arriver avec le deuxième bataillon de tirailleurs algériens. Les obus tombent toujours et plusieurs éclatent au milieu de l'état-major. Le général affecte de se porter au point le plus dangereux ; les esprits soupçonneux et, malheureusement, il y en a beaucoup qui ont germé sous le soleil anémiant de Madagascar, prétendent même qu'il cherche la blessure heureuse, la blessure libératrice d'une responsabilité énorme. En tous cas, son calme est parfait et son courage enthousiasme les hommes. J'entends, entre autres, le colloque suivant :

« Rudement chic le grand patron, pas la frousse au moins !

— Pas étonnant, mon vieux ; ancien légionnaire, tu sais, tous comme ça dans l'arme, c'est dans le sang. »

. . . .

Notre situation critique qui dure depuis bientôt deux heures vient de s'améliorer. Les tirailleurs sakalaves ont tourné les batteries A_2, B_2 et apparaissent sur les escarpements d'Ambohibé ; d'un autre côté, notre artillerie vient d'arriver, elle envoie ses premiers obus sur les batteries A_1, B_1, A, B et nous permet de continuer notre mouvement en avant. Les batteries hovas sont rapidement éteintes par les nôtres dont le tir est magistralement réglé par le capitaine Chamblay. Couverts par notre artillerie, nous arrivons sur les batteries A_1 et B_1 que les Hovas, en déroute, ont déjà évacuées, tandis que les batteries A, B, C, menacées d'être prises à revers par notre aile gauche (3e tirailleurs), sont aussi abandonnées par l'ennemi.

Cependant, nous recevons l'ordre de cesser la poursuite et de nous arrêter en B. Les hommes font un repas froid et se reposent à l'ombre des cases du camp hova. Il est midi.

A 3 heures nous repartons pour notre bivouac défini-tif, situé à un kilomètre de là dans la vallée du Firinga-lava. En y arrivant, je suis envoyé sur les hauteurs de

Tsynainondry avec ma section pour servir de liaison entre le gros de la colonne et les avant-postes. Je m'installe dans un camp hova malgré la vermine et les immondices qu'il renferme, tant l'ombre me paraît désirable.

Après deux heures de sieste, il nous arrive le matériel d'un poste optique qui doit communiquer avec Andriba et annoncer le résultat du combat. « Vous avez été bien inspiré, me dit le lieutenant, de choisir cette place, car j'avais ordre de vous prier d'y aller si vous n'y étiez déjà. »

A la nuit tombante je suis obligé de doubler mes senti-nelles, car mon flanc droit est complètement découvert et des coups de feu isolés me prouvent que la région est loin d'être sûre.....

« Halte-là ! Qui vive ! » Ce cri, jeté d'une voix forte, me fait sortir de ma baraque. Je me dirige vers la sentinelle que je

trouve très perplexe, car, au lieu du « France » réglemen-
taire, elle ne peut obtenir que cette phrase répétée par une
dizaine de voix : « Y a bon..... Y a bon..... ». Je prends deux
hommes avec moi et..... je découvre le groupe bien inof-
fensif de quelques femmes de tirailleurs sakalavas qui
veulent rejoindre leurs maris aux avant-postes. Elles traversent notre petit campement à la grande joie des légionnaires en répétant toujours : « Y a bon..... Y a bon..... Hovas
psst! ». Je m'endors sur cette réjouissante vision, aux sons
du télégraphe optique qui fait tic-tac, tic-tac.

De Tsynainondry au nouvel Ambouinore (16 septembre).

La nuit a été calme, ce matin les traînards de la journée
d'hier ont rejoint. Parmi eux se trouve un caporal grec du
nom de Léonidas Euripidès ; il s'est trouvé mal aux premiers coups de fusil ; ses hommes l'ont surnommé « Pas
rapide » et ne veulent plus lui obéir : ils ont un peu raison.

Avant de rejoindre la colonne, je reçois l'ordre de brûler
le camp où j'ai passé la nuit : c'est une mesure d'hygiène
prise par l'autorité en vue du passage des autres échelons
de la colonne légère. De tous côtés, d'ailleurs, de grands
feux s'élèvent, indiquant l'emplacement des camps abandonnés par l'ennemi.

Nous partons à 7 heures, nous suivons d'abord à flanc
de coteau les mamelons de Tsynainondry jusqu'à l'endroit
où ils dominent presque à pic la vallée du Firingalava. A
notre droite les tirailleurs sakalavas du commandant
Ganeval remontent sur la crête rocheuse d'Ambohibé où
ils vont améliorer un sentier sans issue sur lequel une
partie du convoi s'est engagée. Ces troupes noires nous
sont décidément bien précieuses, elles exécutent sans souffrir les missions les plus fatigantes et permettent de mé-
nager dans la mesure du possible les contingents européens.

Il est regrettable seulement que les cadres français de ces troupes ne soient pas montés, car les fatigues énormes imposées occasionnent parmi ces blancs une mortalité très grande; il est, d'ailleurs, absolument inadmissible de demander, aux colonies, la même somme d'efforts aux Européens et aux indigènes.

Après avoir descendu les escarpements de Tsynainondry, nous passons le Firingalava à gué près d'un petit camp hova que son excentricité par rapport au bivouac a sauvé de l'incendie. Nous sommes tous suffoqués par l'odeur fétide qui s'en dégage. Le soldat hova doit être supérieurement sale. Les déjections humaines, les entrailles des bêtes abattues, le riz fermenté pourrissent dans les cases de ce camp et doivent se changer, sous l'influence d'une chaleur de 35°, en milliers de microbes de la peste, de la malaria...

Nous arrivons bientôt sur un plateau qui s'élève dans une large boucle du Firingalava que nous traversons pour la deuxième fois. Pendant le passage, je fais un bout de conversation avec l'explorateur allemand Wolff. Le général Duchesne lui a donné la permission de suivre les opérations de la colonne légère, pourvu qu'il ne soit tributaire de nous ni pour les vivres, ni pour les moyens de transport. Cette même autorisation a été donnée à tous les journalistes, mais il n'y en a que deux, MM. Delorme et Wolff, qui ont pu satisfaire aux conditions imposées. Les autres ont rétrogradé sur la côte.

Dans les journaux de la métropole, on va, j'en suis certain, clamer bien haut contre cette permission donnée à un Allemand de suivre les opérations d'une colonne française, et cela, dira-t-on, aux dépens d'un bon Français. D'abord ce sera une erreur. M. Wolff n'a pris la place de personne, et quand cela serait, il faudrait encore nous en féliciter, car il n'est pas mauvais, à mon sens, que la presse d'une puissance peu suspecte de sympathie pour nous vienne contrebalancer les odieux mensonges des journalistes anglais.

Après avoir traversé le Firingalava, nous suivons cette rivière dont la vallée se resserre dominée par de hauts escarpements. De nombreux et profonds ruisselets viennent s'y jeter, et la route, si l'on en faisait le profil, serait une courbe sinussoïdale parfaite.

Les hommes sont très fatigués et les traînards sont nombreux dans cette dernière partie de l'étape. Aussi est-ce un véritable soulagement pour tous d'apercevoir le petit village d'Ambouinore dont les maisons incendiées par les Hovas sont encore couronnées d'un panache de fumée noirâtre.

Ambouinore se compose de quelques maisons construites en pisé, le village est entouré d'une double enceinte de cactus et de pierres. Ces précautions défensives sont nécessitées par l'existence de nombreuses bandes de Fahavalos qui règnent en maîtres dans ce pays montagneux et inhabité.

Au sud d'Ambouinore, le panorama de la vallée du Firingalava est magnifique. A l'ouest elle est dominée par les hauts escarpements d'Ankotrakotrana, qui ressemblent à une gïgantesque selle ; à l'est les berges rocheuses qui descendent au Firingalava sous une pente d'environ soixante degrés sont striées de cascades qui brillent et scintillent au chaud soleil de midi. Au sud, les premières assises du col de Kiangara nous cachent ces fameux monts Ambohimenas derrière lesquels s'étendent les plaines fertiles de l'Émyrne. De tous côtés les tentes s'élèvent et les immenses taches blanches, formées par les carrés de bataillon, viennent ajouter au pittoresque du site.

Il est 4 heures : le bataillon est réuni pour une triste cérémonie, il va rendre les derniers devoirs à un légionnaire mort des blessures qu'il a reçues l'avant-veille à Tsynainondry. Le colonel Oudri prononce quelques paroles d'adieu, puis nous nous séparons avec cette impression que cette mort de soldat fauché en pleine santé est infiniment plus enviable, plus belle, que celle du malheureux anémié lentement conduit au tombeau par l'inexorable maladie.....

Ce soir, le vent s'est levé avec une grande violence et je m'endors bien enfoui sous mes couvertures au son de ses rafales. Vers 2 heures du matin, B..... et moi sommes réveillés par une chute de la tente qui a cédé à la force de la tempête. Nous nous enroulons dans la toile et, la fatigue aidant, le sommeil vient nous rendre l'oubli jusqu'au lendemain matin.

D'Ambouinore aux Ambohimenas. Passage du col de Kiangara (17 septembre).

D'après les renseignements fournis au général en chef par les reconnaissances et les émissaires indigènes, le col de Kiangara est évacué par l'ennemi. Ses bandes en désordre n'ont pu être rassemblées qu'aux Ambohimenas, où elles ont été renforcées par de nouvelles troupes venues de Tananarive. Nous n'avons donc aucune rencontre à espérer aujourd'hui ; heureuseusement le pays par lequel nous cheminons est fort beau et l'imprévu des horizons, sans cesse nouveaux, que le masque montagneux nous ménage, rend l'étape facile.

D'Ambouinore au col de Kiangara le terrain va sans cesse en s'élevant, la route ou plus exactement le sentier que nous suivons traverse de nombreux torrents qui coulent avec fracas sur des pierres rendues glissantes par les algues dont elles sont couvertes. Les mulets tombent à chaque instant, au grand désespoir de leurs conducteurs qui ont eux-mêmes grand'peine à conserver leur équilibre.

Au troisième kilomètre nous atteignons le Firingalava que nous passons cinq fois à gué sur un espace d'environ

1.200 mètres. Le vallée de cette rivière est dominée à l'ouest par de hauts et inaccessibles escarpements, tandis qu'à l'est elle s'élargit, bordée seulement par de forts mamelons qui donnent passage à une bonne piste sur les Ambohimenas. Cette piste est commandée par le fortin de Tsifinaramaso dont l'enceinte est complètement en ruines.

L'ensemble de la position du col de Kiangara est magnifique, nous sommes tout étonnés que les Hovas n'y fassent même pas un semblant de résistance. Dieu, que ces gens-là sont mal inspirés de vouloir toujours nous livrer de grandes batailles rangées!..... Dans leur pays si propice à la guerre de guerillas, des adversaires intelligents et entreprenants auraient vite raison d'une troupe déjà usée comme la nôtre, soit en la forçant à d'incessants déploiements inutiles, soit en lui interdisant le sommeil par des attaques de nuit, soit, enfin, en lui coupant les vivres par des surprises de convoi.....

Après avoir gravi péniblement les pentes sud nous arrivons enfin au sommet du col. Nous dominons d'environ 200 mètres la vallée du Manankaso, dont le cours sinueux découpe largement la plaine. Devant nous, à 6 kilomètres au plus, les Ambohimenas dressent leur masse énorme d'où surgit une multitude de pics, d'arêtes rocheuses, de mamelons séparés les uns des autres par des failles profondes. Au centre du pâté montagneux s'élève le village de Kinadjy dont les maisons rouges et les verts manguiers semblent accrochés aux flancs de la montagne. Les trois chemins de Maridahaza par Tsifaha, Antanétibé et Kinadjy, s'élèvent tout sinueux, pareils à de longs serpents, tandis que sur toutes les hauteurs les troupes ennemies forment de grandes taches blanches qui donnent l'illusion des neiges éternelles.

Au col de Kiangara, nous trouvons une grande pancarte clouée à l'extrémité d'une perche et couverte d'écriture hova. Voici à peu près la teneur de ce curieux document :

« Vasahas, si tu veux revoir ton pays, arrête-toi là. Si tu franchis ce col, si tu foules le sol sacré de l'Emyrne, ton corps servira de pâture aux corbeaux et tes os sans sépulture blanchiront la plaine. » Ainsi, nous voilà bien prévenus....., et pourtant, en dépit de l'avis anonyme qui nous est adressé, nos colonnes commencent à descendre les pentes sud du col. Ces pentes sont extrêmement raides et c'est miracle si quelques mulets ne glissent pas dans les profonds ravins qui bordent le sentier. A notre droite, au pied d'un énorme bloc rocheux, s'élève le village de Kiangara qui est la proie des flammes depuis hier soir.

Avant d'arriver au Manankaso, nous traversons un camp hova. Comme ceux de Tsynainondry, il est remarquable par sa saleté et par la mauvaise odeur qu'il répand.

Le Manankaso, à l'endroit où le traverse la route de Kinadjy, est une rivière d'environ 150 mètres de large et de 80 centimètres de profondeur. C'est donc un véritable bain froid que nous allons prendre. Qu'importe, les légionnaires en ont vu bien d'autres au Tonkin, au Soudan, au Dahomey, et ces braves gens se mettent carrément à l'eau accablant de lazzis les indécis : « Prends garde, tu vas mouiller tes chaussettes. Veux-tu une permission de vingt-quatre heures ? Faut-il prévenir le colonel Marmier, qui t'fasse une passerelle ? etc..... »; et tous ces grands enfants de rire aux éclats, oubliant momentanément peines et fatigues.

Après le passage, la colonne se reforme sur un petit plateau situé au sud de la rivière, puis elle reprend sa marche en suivant la vallée d'un affluent du Manankaso, qui vient de Kinadjy et d'Antanétibe. A peine nous sommes-nous engagés dans cette vallée que des hauteurs environnantes partent de nombreux coups de feu. Cette fusillade faite hors de portée ne change rien au dispositif de marche. Nous nous arrêtons bientôt non loin d'Antanétibe, au pied même des Ambohimenas, tandis que deux compagnies de tirailleurs algériens partent en grand'garde sur les contreforts qui dominent le village.

A peine sommes-nous installés au campement que plusieurs prisonniers arrivent escortés par quelques tirailleurs.

L'un d'eux est un beau nègre au type betsileo très accentué; ses lèvres sont épaisses, ses cheveux crépus, ses membres vigoureux. Il porte fièrement son lamba déchiré et jette un œil d'envie, un œil affamé, sur les marmites qui commencent à fumer. Ses camarades ne lui ressemblent en rien. Ils ont les cheveux plats, le nez droit, les lèvres minces, le teint légèrement cuivré du Hova. La campagne paraît les avoir beaucoup éprouvés, ils ont des têtes d'hommes à jeun depuis quelque temps. Leur facies est absolument squelettique et leurs jambes amaigries semblent ne plus pouvoir les porter.

Le docteur Lacaze procède immédiatement à leur interrogatoire. Les Hovas sont, paraît-il, décidés à défendre leur pays jusqu'à la dernière extrémité. Le prince Ramahatra est nommé commandant en chef des armées de l'Émyrne. Les travaux de défense sont poussés activement autour de Tananarive. La reine et le premier ministre n'ont pas encore quitté la capitale. Tels sont les principaux renseignements que nous fournissent ces prisonniers.

Le docteur demande aussi au Betsileo pourquoi lui, si vigoureux, s'est laissé prendre par les Vasahas. Celui-ci répond qu'il a assisté à la bataille de Tsynainondry et que cette journée a calmé ses ardeurs belliqueuses pour longtemps. Ce souvenir provoque même sur sa peau noire un léger frisson; cet homme a dû avoir bien peur. Il nous fait, à propos des obus fusants, une très jolie comparaison : « Quand ça fait boum, dit-il, c'est comme au temps des semailles, lorsqu'on jette à la volée les grains de riz. » Nous lui faisons encore, par l'intermédiaire du très obligeant Lacaze, différentes questions, mais le drôle n'est

plus du tout à la conversation ; une bonne odeur de riz au
gras vient caresser son odorat d'affamé et son regard
suppliant va successivement de notre groupe à la marmite.
Nous lui donnons quelques biscuits en considération
d'une si grosse faim et nous allons, à notre tour, faire
honneur à la cuisine de cet excellent Pagnard, qui s'impa-
tiente autour de ses casseroles.....

Vers la fin de la sieste, un homme vient nous prévenir
qu'il a vu, dans une case d'Antanétibé, le nommé Hochleiter, perruquier de la compagnie ; il était armé d'un
rasoir et menaçait quiconque voulait approcher. B...,
étant de jour, part avec une escorte pour ramener ce
forcené. Il revient, quelques instants après, rendre compte
qu'il n'a trouvé qu'un cadavre. Hochleiter s'est coupé la
main droite, et l'hémorragie a déterminé la mort d'autant
plus rapidement qu'il était très anémié.

**Séjour à Antanétibé. Notre camp est déplacé vers Kinadjy
(18 septembre).**

Ce matin, j'ai fait la grasse matinée jusqu'à 8 heures.
Lorsque je me suis éveillé, le soleil, déjà brûlant, dardait
ses rayons sur la tente, et la transformait en une véritable
fournaise. Je me suis vite plongé dans l'eau froide pour
rafraîchir mes idées confuses, et je suis allé ensuite passer
la revue minutieuse des munitions de mon peloton. Le
combat de Tsynainondry a fait une large brèche à notre
approvisionnement, et il faut le compléter à cent vingt cartouches par homme, pour affronter et surmonter les obstacles qui nous attendent.

Aujourd'hui, le deuxième échelon de la colonne légère,
composé de l'infanterie de marine, arrive au camp d'Antanétibé. Le général décide que l'attaque des positions ennemies aura lieu demain matin. Comme nous en sommes
encore à cinq kilomètres, il prescrit de profiter de la nuit

tombante pour rapprocher notre camp à deux kilomètres
d'elles.

Après la soupe du soir, les bataillons s'ébranlent donc et
gravissent en silence les premières assises des monts Ambohimenas. Cette marche de trois kilomètres, sur un sentier
presque à pic, est extraordinairement pénible. Les hommes,
gênés par la digestion qui commence, n'avancent qu'à
grand'peine. Nous sommes obligés d'employer la matra-
que pour faire marcher de pauvres fiévreux ; nous les frap-
pons la mort dans l'âme, mais avec la conviction absolue
que notre devoir et leur intérêt l'ordonnent. Tous ceux
qui restent en arrière sont des hommes perdus. Un seul
ne m'inspire pas de pitié : c'est Léonidas Euripidès, le peu
sympathique descendant des vainqueurs de Marathon.

Son visage resplendit de santé, et pourtant il simule la
fièvre pour ne pas aller là où il croit le danger. Je lui
casse une sagaie sur le bas des reins, avec d'autant plus
de plaisir que je le soupçonne violemment d'être youpin.

Entre temps, nous passons à côté de Kinadjy, dont nous ne sommes séparés que par un petit ravineau. Quelques maisons seulement sont brûlées, les autres paraissent intactes.

Nous voici enfin sur le plateau désigné comme nouveau lieu de campement. L'artillerie et le général y sont déjà installés; nous en faisons autant et nous dînons rapidement d'un morceau de viande froide arrosé d'un excellent verre d'eau de thé. La carte des Ambohimenas est sur la table, et, à la lueur d'un photophore cassé, nous devisons très tard sur la journée de demain. Je ne connais rien de plus impressionnant que ces veilles de combat. Le cœur se gonfle d'une curiosité nerveuse que le sentiment du danger rend plus âcre encore. Le camp endormi et silencieux donne l'impression du grand calme précurseur de l'orage.

Passage des grands Ambohimenas (19 septembre).

Le général prévoit pour aujourd'hui de grosses fatigues; aussi donne-t-il l'ordre de laisser au camp les hommes les plus malingres, ils garderont les sacs de leurs camarades.

Il fait à peine jour lorsque le bataillon se met en route. Comme à Tsynainondry, nous sommes chargés, avec les tirailleurs algériens, de l'attaque de front. La brigade de marine, Sakalavas en tête, fait un immense mouvement tournant sur la gauche ennemie.

Lorsque l'on traverse les grands Ambohimenas du nord au sud, l'ensemble du pâté montagneux apparaît séparé en deux masses principales par la vallée du Manankaso et par celle d'un de ses affluents.

Le massif nord, sur lequel est situé Kinadjy, peut avoir une altitude de 1.060 mètres; le massif sud s'élève à environ 1.400 mètres; il est hérissé de pics et de mamelons dont certains atteignent près de 1.500 mètres. Les vallées symétriques du Manankaso et de son affluent forment entre les deux massifs une dépression pierreuse, au milieu de laquelle s'élèvent les cases du petit village de Tsifaha. La végétation des Ambohimenas est absolument nulle; de tous côtés, le terrain bosselé et craquelé s'étend nu et pierreux.

Les Hovas se sont très fortement retranchés sur le massif sud; ils y ont construit quatorze ouvrages, dont l'abord est rendu très difficile par la nature du terrain. Nos troupes, au contraire, vont être très vulnérables dès qu'elles arriveront sur la crête du massif nord. Le terrain complètement dénudé ne nous permet pas de dérober notre marche d'approche aux vues de l'ennemi; nous pourrons, il est vrai, utiliser l'angle mort des ouvrages sur lesquels nous marchons, mais nous devrons compter avec le flanquement réciproque que les officiers anglais n'ont pas oublié.

La ligne ennemie n'a qu'une cause de faiblesse : c'est son étendue. Le général va essayer d'en profiter en couvrant d'obus un ou deux ouvrages sur lesquels il lancera les colonnes d'infanterie. Nous allons donc percer le centre de la position, prendre une situation dominante sur le massif sud, d'où nous pourrons menacer les autres ouvrages et la ligne de retraite ennemie.

Sur ces entrefaites, nos troupes débouchent sur la crête du massif nord. La position ennemie nous apparaît formidable. De tous les fortins une fumée blanche s'élève, et des milliers de détonations saluent notre arrivée à bonne portée. Ce tir, très mal ajusté, ne nous fait éprouver aucune perte. Les obus vont se perdre dans la vallée du Manankaso et éclatent sur les pierres avec un sifflement sinistre. Bientôt notre artillerie vient mêler sa voix au concert grandiose qui nous écorche les oreilles : « Mince de chahut, on se croirait à Lohengrin! » crie un loustic, et tous de rire... Cependant le spectacle devient de plus en plus intéressant; nos pièces fouillent de leur mitraille et de leur mélinite les premiers retranchements hovas. De toute part des milliers d'ennemis, invisibles jusqu'alors, se lèvent et abandonnent leurs postes devenus trop dangereux;

ils remontent les pentes avec une grande vitesse, jetant la panique chez les défenseurs des autres ouvrages.

Le général Duchesne juge le moment opportun pour lancer les colonnes d'infanterie. Mon bataillon est envoyé contre l'ouvrage B_2, après la prise duquel il doit se diriger sur la cote 1460, point culminant des Ambohimenas. Nous partons, précédés de la 1re compagnie, et nous suivons, pour nous dérober aux vues de l'ennemi, un petit ravineau qui conduit à Tsifaha. Nous traversons ce village aux abords duquel d'immenses troupeaux, abandonnés par l'ennemi, courent affolés.

Cependant notre avant-garde nous signale que l'ouvrage B_2 est évacué; nous le contournons et nous nous engageons sur la route de Maridahaza par la cote 1462. Nous marchons pendant vingt minutes sous le feu violent de l'artillerie ennemie, et nous rejoignons le reste de la colonne. Les compagnies sont alors déployées et s'avancent contre l'ouvrage 1462. Des milliers de lambas blancs sont massés autour de cet ouvrage, et le crépitement de leur fusillade est assourdissant. Cependant une certaine inquiétude semble se manifester dans leurs rangs; nous en comprenons bientôt la cause. Les chéchias rouges de nos tirailleurs sakalavas et les casques blancs de nos marsouins apparaissent sur la crête du massif sud; ils ont tourné la position ennemie, et viennent prendre d'écharpe l'ouvrage sur lequel nous marchons. L'armée hova hésite, flotte, tourne sur elle-même et s'évanouit dans une débandade folle. Hourrah pour la marine!.....

Le général nous arrête, et donne l'ordre de faire face en arrière, pour aller chercher les sacs. Seule, ma compagnie, qui a pris la tête du mouvement, continue à marcher sur l'ouvrage 1462, où elle doit fortement s'installer contre tout retour offensif. L'ascension du massif sud est des plus pénibles; qu'on s'imagine une excursion dans les Alpes par trente-sept degrés de chaleur, et on aura la note à peu près exacte de ce que fut cette marche. Néanmoins la pensée d'apercevoir les plaines de l'Émyrne soutient le moral de tous, deux ou trois hommes à peine restent en arrière. Nous passons à côté des ouvrages ennemis ; ils sont analogues à ceux de Tsynainondry et d'Andriba, et nous arrivons à onze heures sur le sommet des Ambohimenas, à la cote 1462.

Là, le magnifique panorama qui s'offre à nos regards nous repose des fatigues endurées. Nous sommes arrivés au point où les Ambohimenas, se terminant presque à pic, dominent d'environ trois cents mètres la vallée de l'Antoby. Le pays qui s'étend à nos pieds se compose de grands plateaux, séparés les uns des autres par des bas-fonds cultivés en rizières. Çà et là des villages entourés de cactus indiquent, par leur fréquence, que la contrée dans laquelle nous entrons est riche et peuplée. A l'ouest, la haute cime de l'Angavo domine tout le pays de son architecture bizarre.

Les Hovas continuent en se retirant leur œuvre dévastatrice. Maridahaza, Tsifaha, Fiantsona et une foule d'autres villages sont en flammes. L'Émyrne apparaît comme un immense campement abandonné, où des feux de bivouac achèveraient de brûler..... Je crois cependant qu'aujourd'hui les incendiaires n'exécuteront pas en toute sécurité leur sinistre besogne, car à nos pieds, sur la route de Tananarive, tirailleurs sakalavas et chasseurs d'Afrique se pressent à la poursuite des fuyards.

Nous nous installons dans l'ouvrage 1462 avec le général Metzinger et le colonel Oudri ; les troupes du 13e de marine avec leur drapeau ne tardent pas à nous rejoindre. Le général nous fait aussitôt prendre les armes, et là, sous le chaud soleil de midi, à l'heure où tout sommeille dans la nature malgache, une sonnerie de clairon s'élève vibrante, chaude : ce sont les soldats de France qui saluent le symbole de leur pays pour qui tant des leurs viennent de mourir.

Il est trois heures; les hommes se sont restaurés et ont fait un brin de sieste. Nous recevons l'ordre d'aller camper au bas des Ambohimenas, sur un grand plateau situé à l'ouest de Maridahaza. Notre colonne s'engage sur un sentier extrêmement étroit et rapide; partout nous trouvons des indices de la fuite désordonnée des Hovas. Au pied de la montagne, nous traversons des camps plus repoussants encore que ceux de Tsynainondry. Les charognes et les immondices de toutes sortes y forment un tapis d'environ cinquante centimètres de hauteur. Nous passons ensuite à gué l'Antoby, dont les eaux rougeâtres sont, paraît-il, ferrugineuses, et nous arrivons enfin à l'emplacement de notre bivouac.

A cinq heures, le colonel Oudri donne l'ordre à un officier monté de regrimper sur les Ambohimenas, pour guider les trois autres compagnies du bataillon et le convoi sur un sentier plus praticable, que vient de découvrir le génie. Le commandant R..... et le capitaine B....., les seuls officiers montés de notre petite avant-garde, se récusent et me désignent pour cette fatigante besogne..... Me voilà donc de nouveau à l'ouvrage 1462; des télégraphistes y installent un appareil optique qui va annoncer à Andriba l'heureux passage du rempart de l'Émyrne.

Il est huit heures du soir lorsque je rentre au camp. Le chemin du génie n'était pas meilleur que le sentier malgache. Le seul résultat de cette découverte est une courbature générale qui me brise les membres et ne me fait désirer rien tant que mon lit.

Séjour à Maridahaza (camp de la misère) (20 et 21 septembre).

Vingt et vingt et un septembre! Tristes journées dont le souvenir restera longtemps gravé dans ma mémoire!

20 septembre. — La marche pénible d'hier a été funeste

au bataillon, qui a laissé dans les Ambohimenas un bon dixième de son effectif.

De nombreuses patrouilles, pourvues de mulets de cacolets, sont envoyées à la première heure, pour ramener ceux de ces malheureux que le froid et la fièvre n'ont pas encore tués. Dans le camp silencieux, les hommes paraissent las et découragés; c'est la première fois, depuis le début de la campagne, que je remarque un abattement si complet.

Vers 2 heures, un coup de feu se fait entendre; c'est un légionnaire de la 4ᵉ compagnie qui vient de se brûler la cervelle. La balle, après avoir accompli son œuvre meurtrière, est allée traverser la tente du colonel Oudri; notre excellent chef l'a échappé belle..... Quelques minutes plus tard, nouveau coup de feu; cette fois, c'est un tirailleur algérien qui en a assez de la vie.....

Je ne connais rien de plus impressionnant que ces suicides. Une sorte d'affolement s'empare du cerveau... On se demande avec inquiétude si cette fièvre de destruction ne va pas vous saisir d'un moment à l'autre.....

Les patrouilles envoyées dans la matinée commencent à rentrer. Elles nous ramènent à peu près la moitié des disparus. Un certain nombre de ceux-ci ont été trouvés morts à la place où ils étaient tombés la veille; la nuit très froide, succédant à la journée très chaude, les a engourdis et endormis pour toujours. Quelques-uns ont été trouvés la mâchoire fracassée : ceux-là trouvaient la mort trop lente à venir. Enfin, parmi ceux qui ont été ramenés, deux ou trois ont expiré pendant la route. Leurs cadavres déjà raidis sont portés au poste de police, au grand ébahissement de leurs camarades de cacolet, qui ont assisté de bien près, sans s'en douter, à ce grand drame de la mort.

Cette nuit, la température sera encore très basse; le vent s'est levé, et ses violentes rafales viennent se briser lugubrement contre les pentes de l'Angavo et des Ambohimenas; je m'endors en songeant aux vers de Victor Hugo :

O flots, que vous savez de lugubres histoires !
Flots profonds redoutés des mères à genoux,
Vous vous les racontez en montant les marées,
Et c'est ce qui vous fait ces voix désespérées
Que vous avez le soir quand vous venez vers nous.

21 septembre. — La journée du 21 s'écoule aussi triste, aussi navrante, que celle du 20. Une sorte de voile funèbre pèse sur tout le camp. On n'entend pas un cri, pas un chant.

De temps à autre, un brancard d'ambulance porté par quatre hommes traverse la ligne des tentes. Il se dirige vers le petit cimetière, où les croix de bois blanc s'alignent déjà bien nombreuses.....

Heureusement, nous levons le camp demain matin; l'intérêt du mouvement en avant chassera peut-être les idées noires qui commencent à nous envahir. L'infanterie de marine a pris aujourd'hui sa place d'avant-garde, elle couche ce soir à Ankazobé.

De Maridahaza à Ankazobé (22 septembre).

Ce matin, quelques minutes après le réveil, un coup de feu retentit dans le camp encore tout endormi. C'est un légionnaire de ma compagnie, artiste photographe à ses moments perdus, qui a trouvé, pour ne pas faire l'étape, le moyen ingénieux de se supprimer. Son corps tout crispé jette une tache noire sur l'herbe qui tapisse le fond de la vallée de l'Antoby. « Nous n'avons rien vu, rien entendu, me dit mon capitaine, il faudrait encore enterrer ce bougre-là, et vraiment on ferait crever les vivants à un métier pareil. » Le commandant X, mis au courant de la situation, approuve la façon de voir du capitaine Y ; quant à Z, notre excellent officier payeur, il prétend que les hommes font

exprès de se tuer, pour le forcer à établir des actes de
décès, travail pour lequel il professe une aversion bien
connue.

. . . .

Au cours de l'étape, après une heure de marche environ,
se passe un incident dont j'ai gardé le plus pénible souvenir.
Un vieux Breton nommé Le....., ancien matelot et médaillé
de Madagascar, sort des rangs, demandant à se faire porter
en cacolet ; sa démarche chancelante, ses paroles dénuées
de sens, les hoquets nombreux qui secouent sa personne,
semblent indiquer qu'il a abusé de l'alcool indigène. « Les
cacolets ne sont pas faits pour les ivrognes, lui dis-je, marche à ta place. » Et, devant son insistance, j'accompagne
mes paroles d'une légère poussée. Le malheureux tombe
et ne peut se relever. Je vais trouver le docteur pour
savoir s'il y a lieu d'insister ; ce dernier examine mon pauvre Breton et me dit : « Ce que vous avez pris pour l'ivresse
n'est autre chose qu'une forme particulière de la fièvre lorsqu'elle sévit sur de vieux alcooliques ; cet homme sera
mort demain au plus tard..... »

Après deux heures de marche, nous arrivons au pied de
l'Angavo, nous passons non loin d'un groupe important
de villages nommé Tandrokamby ; je dis d'un groupe, car
c'est une particularité curieuse du pays dans lequel nous
entrons. Les lieux habités n'ont plus de nom propre, ils
prennent pour toute une région la même dénomination.
Cette caractéristique rend la compréhension de la carte
très difficile. Les guides montrent quatre ou cinq villages
différents, portant le même nom. On se fâche : « Mais tu
m'as dit que c'était là ; mais nous l'avons passé depuis une
demi-heure ! s'écrie-t-on agacé. — Oui, anga, c'est vrai,
mais ici même chose là-bas. » Allez donc vous y reconnaître !

Après avoir traversé le pittoresque village d'Ambatoha-
zano, qui semble une île rouge au milieu d'une véritable
mer de rizières vertes, nous gravissons les pentes

crayeuses qui dominent au sud ce village. En arrivant
sur le plateau, nous apercevons, assez loin sur notre
gauche, trois formes blanches qui, perchées sur de petits
monticules, ressemblent aux flamands des lacs Amers, ou
encore à d'énormes cigognes voyageuses. Je me détache de
la colonne, et quelle n'est pas ma stupéfaction en m'aper-
cevant que les prétendus oiseaux ne sont que trois vulgaires
paysans malgaches! Oh! ils ne s'envoleront pas, c'est bien
certain! Leur aspect est réellement misérable : d'horribles
plaies ont rongé une partie de leur figure et leur corps
est si maigre qu'on pourrait étudier facilement sur eux le
squelette humain. Je leur jette de loin deux ou trois biscuits, et je fais vivement demi-tour, car je soupçonne fort
être en présence de lépreux.

A mesure que nous avançons vers Tananarive, la carte
qui nous a été distribuée devient de plus en plus fausse ;
elle accusait aujourd'hui une étape de 17 kilomètres, et
voici déjà cinq heures que nous marchons. Le plateau
crayeux, poussiéreux et monotone que nous parcourons
semble ne plus devoir finir ; il faut vraiment que nos
hommes possèdent un esprit bien trempé pour faire ces
longues et fatigantes étapes, sac au dos, sans qu'on en-
tende le moindre murmure.....

Il est midi lorsque nous apercevons les maisons d'Ankazobé.

Ankazobé veut dire, en langue malgache : « là il y a de
grandes forêts ». Je crois que ce nom est légèrement ironi-
que, car si loin que la vue peut errer, pas un arbre ne vient
rompre la monotonie des rizières vertes et des grandes
croupes pierreuses qui entourent le village.

Avant d'atteindre les premières maisons, nous rencontrons le cadavre d'un soldat hova. Il est mort d'une
blessure à la poitrine, d'où une liqueur fétide et nauséa-
bonde s'écoule à la grande joie de milliers de mouches,
qui font, aux dépens de ce malheureux, un royal festin.

Sous l'influence de la chaleur et de la décomposition du sang, le ventre et les testicules de ce cadavre se sont dilatés, et ressemblent à des outres fortement gonflées.

Le village d'Ankazobé est entouré par un fossé profond de 6 à 7 mètres et large d'environ 10 mètres. Les maisons, au nombre d'une dizaine, sont construites en pisé; elles sont d'ailleurs presque toutes brûlées, et leurs poutres à demi consumées vont nous fournir un excellent bois de cuisine. Nous nous installons au bivouac de l'autre côté du village, sur les pentes d'un mamelon, près d'une source limpide dont l'eau est excellente.....

D'Ankazobé à Antoby (23 septembre).

La nuit qui vient de s'écouler est encore de celles que l'on n'oublie guère. Vers minuit, un homme s'est suicidé; vers deux heures du matin, un autre malheureux s'est broyé la jambe, pour ne pas faire l'étape du lendemain. Le coup, tiré à bout portant, lui a fait dans la cuisse un trou où l'on pourrait mettre les deux poings. Interrogé par le médecin, il a prétendu ne pas avoir eu l'idée de se tuer : « Je ne pouvais plus marcher, a-t-il dit, maintenant vous serez bien forcé de me faire porter en cacolet. » Quelques minutes après, l'hémorragie l'a tué. Le docteur D..... réveille tout le camp par ses lamentations : « Un beau bandage de jambe perdu », s'écrie-t-il sur un ton qui serait comique, si les circonstances n'étaient pas si tragiques.

Au réveil, nous trouvons le pauvre Le..... froid et rigide. Il est mort pendant la nuit, la bouffarde à la bouche. Pauvre vieux ! Les trois cadavres sont portés dans un petit ravin, en dehors du chemin : on n'enterre plus.....

Ce matin, ma section est en tête de la colonne; aussi ai-je la bonne fortune de marcher avec mon excellent ami Durand. J'en profite pour deviser à perte de vue sur le

pays que nous traversons, ses habitants, leurs mœurs.....
L'étape me semblera certainement bien courte.....

Après avoir franchi le mamelon qui domine Ankazobé,
nous apercevons à nos pieds un immense village portant
également le nom d'Ankazobé. Ce gros bourg, avec sa jolie
petite église, ses coquettes maisons et ses larges rues
bien droites, est une véritable révélation pour moi.

J'en suis à me demander si je n'ai pas rêvé, et si
la campagne de Madagascar n'a pas été un vilain cauchemar, qu'un bienfaisant réveil vient de chasser.....
« Mais, dis-je tout interdit à Durand, ce n'est pas une
campagne malgache que nous avons maintenant devant
nous; c'est un coin de notre France, de notre belle
France; » et en effet, de quelque côté que l'on tourne ses
regards, ce ne sont plus que villages, que chalets élé-
gants, que chemins bordés de haies fleuries; un vrai
paradis qui succède au désert si aride que nous venons de
traverser.....« C'est l'Emyrne, me répond Durand, et voyez
que mon enthousiasme pour ce beau pays n'était pas exa-
géré, puisque sa vue seule vous fait légèrement déraison-
ner. »

En arrivant à Ankazobé, le général Metzinger rejoint
l'avant-garde, et me donne l'ordre de combler certains
fossés qui s'opposeraient à la marche des mulets d'artillerie
et de bagages. Ce travail accompli, nous contournons le
village et nous nous engageons dans des bas-fonds cultivés
en rizières. Le chemin est jonché de débris de toutes
sortes, couffins de riz, marmites malgaches, etc. De nombreux emplacements de campement, facilement reconnaissables aux trous triangulaires sur lesquels les soldats
hovas font cuire leur riz, nous prouvent que l'armée
ennemie se retire assez en désordre et par petits paquets;
enfin, preuve indiscutable, nous trouvons deux pièces de
canon hotchkiss gisant lamentablement, les roues à droite,
l'affût à gauche, les tubes dans un ravin. L'infanterie de

marine et les tirailleurs sakalaves ont dû presser de bien près l'armée ennemie.

Vers 10 heures du matin nous atteignons l'Andranobé. Sur les berges de cette rivière, nous trouvons les cadavres raidis d'un superbe nègre et d'un pauvre petit négrillon de six à sept ans. Ces meurtres ne sont certes pas l'œuvre de soldats français. Ce sont sans doute des habitants qui n'ont pas voulu obéir aux ordres formels de Rainilaiarivony, et qui paient de leur vie leur attachement au sol natal.

L'Andranobé est une large rivière aux eaux limpides et claires; sa profondeur à l'endroit où nous la traversons est presque nulle. Le passage achevé, nous nous arrêtons dans un petit village pour permettre à la colonne de serrer sur la tête. Le capitaine B..., Durand et moi, en quête d'une proie quelconque, commençons immédiatement à visiter les maisons, de pauvres maisons aussi sales, aussi nues à l'intérieur, qu'elles sont coquettes et gracieuses à l'extérieur.

« Voyez-vous, mon cher, me dit Durand, les Hovas sont comme leurs maisons. A les voir dans les rues de Tanana

Sur la place d'Andohala.   Chez eux.

rive, coiffés de chapeaux à haute forme, gantés de frais, chaussés de souliers vernis, on croit avoir devant soi des gens civilisés. Mais si l'on gratte la légère couche dont ces simiesques personnages ont enduit leur noire personne, on retrouve bien vite le nègre, le nègre cruel, fourbe et voleur. »

Au cours de nos pérégrinations, nous trouvons dans une maison un groupe d'une quinzaine de paysans, qui certainement rentreraient sous terre, si la chose était possible, tant ils paraissent avoir peur. Rainilaiarivony, en politique habile, nous a représentés à toutes ces populations comme des monstres altérés de sang, avec l'intention bien évidente de créer le vide partout où nous passerons.....

Durand, sur l'ordre du général, fait un petit discours à ces braves gens, d'abord pour les rassurer, ensuite pour les engager à répandre par tout le pays que nous venons à eux non en ennemis, mais en libérateurs amis des pauvres et des humbles.

Rien de piquant comme ce kabary improvisé. Les auditeurs, dans le fond d'une salle sombre, se pelotonnent les uns derrière les autres pour se faire plus petits..... Après chaque phrase, un murmure approbateur s'élève, prouvant que l'éloquence de l'orateur est appréciée..... et pourtant pas un d'eux ne se lève et n'ose approcher ces vasahas si redoutés. Les enfants, surtout, nous regardent avec de grands yeux dilatés de terreur. Il n'est pas difficile de s'apercevoir que le bonhomme Croquemitaine est de tous les pays, et qu'en cette occurrence nous avons dû être d'un joli secours aux mamans malgaches dont les rejetons n'étaient pas sages.

Nous essayons d'acheter quelques volailles. Peine perdue! Pour rien au monde, ils ne bougeraient de leur trou; ils n'ont rien, ou plutôt disent ne rien avoir; nous ne cherchons pas à vérifier d'ailleurs, car l'odeur répandue par ces honnêtes indigènes commence à nous prendre à la gorge d'une façon fort désagréable.....

Il est midi trente lorsque nous atteignons Antoby. Le village est construit sur un grand plateau; il est entouré d'un mur d'enceinte assez élevé, au-dessus duquel on aperçoit les silhouettes élégantes de plusieurs chalets à balcons et vérandas. Le général Metzinger consigne à la troupe l'entrée du village, il craint sans doute quelque pillage, qui nous aliénerait les habitants. Les tentes sont donc dressées à l'extérieur; le régiment forme un immense carré, au milieu duquel l'artillerie a pris place. A peine le campement est-il installé, que le feu prend aux cuisines de la première compagnie. En deux minutes, le plateau couvert de brousse, sur lequel nous nous trouvons, est la proie des flammes. Les hommes ont juste le temps de sauter sur les fusils et les tentes, pour les soustraire au danger. Quant à l'artillerie, elle est balayée avant que les servants soient arrivés aux pièces. Seules les boîtes d'obus à mitraille et à mélinite sont éloignées à temps. Le colonel Oudri, en bras de chemise, paie largement de sa personne, et brave le rayonnement de l'incendie qui brûle nos visages déjà congestionnés par le soleil. Il transporte lui-même, avec un grand nègre, les caisses d'obus..... B..., voyant la chose, et, trouvant peu hiérarchique de se croiser les bras pendant que son colonel se dépense ainsi, se précipite sur lui, et avec sa brusquerie d'homme très nerveux, lui arrache la poignée des mains, laissant notre excellent chef quelque peu ahuri de cette trombe soudaine.

L'incendie, poussé par un vent assez violent, passe heureusement très vite sur les objets et ne fait pour ainsi dire que les lécher. Quelques tentes brûlées, quelques fusils roussis, peu de malheur et beaucoup de bruit, voici en somme le bilan de ce gros incident.

D'Antoby à Ambohidrarara (24 septembre).

Aujourd'hui ma compagnie est chargée d'escorter l'immense convoi qui suit la colonne, nous ne partirons pas avant 10 heures du matin. Je profite des loisirs que me donne ce laps de temps pour m'introduire dans Antoby. La porte du village est particulièrement curieuse et primitive : elle se compose d'une énorme pierre taillée en rond, qui roule dans une gouttière et masque à volonté l'ouverture de la porte.

De nombreuses maisons se pressent dans l'intérieur du village ; ce sont presque toutes des fermes. A part les instruments aratoires, les pilons à riz, les calebasses, les bouteilles vides et des milliers de puces, je n'y trouve rien de bien curieux.

Cependant un chalet extérieurement très élégant me réserve plusieurs surprises. La première est assez désagréable, c'est le cadavre déjà nauséabond d'un soldat d'infanterie de marine ; le pauvre diable est venu mourir à l'ombre ! La deuxième est une salle d'école avec matériel complet, pupitres, tableau noir, chaire de professeur, cahiers d'études. Au tableau est écrite une phrase en langue malgache, au milieu de laquelle je lis le mot vasaha. Quelque menace sans doute comme celle du col de Kiangara !..... Sur les murs de la salle, de nombreux dessins s'étalent, resplendissant de naïveté. Les malgaches se font notamment une idée bizarre de la voiture, qu'ils ne connaissent d'ailleurs, je crois, que par ouï-dire..... Au premier étage, je trouve une salle remplie de chaussures de toutes sortes. Bottes, bottines, souliers, petits souliers s'étalent comme à la vitrine d'un cordonnier. B..., qui connaît son Versailles, prétend qu'en cherchant bien nous découvririons le salon des perruques.....

Après avoir déjeuné, nous nous mettons en route, nous traversons l'Andranobe, qui contourne au sud le plateau d'Antoby, puis nous nous engageons entre deux haies de jolies villas, qui embaument le lilas et l'acacia. C'est charmant ! Malheureusement, au bout de quelques kilomètres, nous nous apercevons que nous avons fait fausse route.

Nous avons pris à gauche, au lieu de prendre à droite ; et pour rejoindre le bon chemin, il nous faut patauger pendant deux kilomètres au moins dans la boue des rizières.

Comme il n'y a pas d'autre issue à la situation, nous prenons notre courage à deux mains, et après bien des péripéties, bien des chutes qui feraient rire, si l'on avait de quoi se changer, nous regagnons la route d'Ambohidrarara, non sans avoir laissé dans les rizières un certain nombre de godillots..... Nous ne sommes pourtant pas les plus malheureux. Un échelon du convoi s'est laissé entraîner ou plutôt nous a entraînés sur la mauvaise route ; et malgré les efforts de son chef le capitaine W... il ne peut arriver à rejoindre la bonne piste. Les mulets glissent, culbutent ou encore se roulent avec délices pour le plus grand malheur des charges qu'ils portent ; les conducteurs sénégalais crient, les cadres européens hurlent, le capitaine W... tonne, rien n'y fait.....

Ce spectacle est du plus haut comique ; cependant comme il menace de s'éterniser, et qu'il faut arriver avant la nuit à l'étape, nous envoyons nos légionnaires au secours des Sénégalais.

Toutes ces bonnes volontés réunies amènent le résultat cherché.

Le capitaine W..... ruisselant et ses mulets crottés comme des barbets ne tardent pas à prendre pied sur la terre ferme. Les Sénégalais manifestent leur joie par une bamboula échevelée, le capitaine W... toujours correct, même dans ces circonstances critiques, rajuste son monocle, et fait bouffer ses cheveux que la malencontreuse chaleur fait tomber lamentablement. Lorsqu'il a à peu près réparé le désordre de sa toilette, lorsque sa raie est presque irréprochable, il se présente à nous, et nous remercie (à grand renfort de très chers) de l'aide vraiment aimable que nous lui avons envoyée...... Le snobisme est une belle chose.....

Après avoir donné aux mulets le temps de souffler, nous

reprenons notre route sur l'arête rocheuse qui conduit à Pibona.

Le terrain montueux et pierreux, et le chaud soleil de deux heures contribuent, chacun pour leur part, à rendre cette partie de l'étape très dure. A notre gauche, s'étend la large vallée de l'Andranobé; les villages y sont tellement denses que la nombreuse population qui les habite n'a pu entièrement les évacuer. De grands rassemblements de paysans regardent curieusement défiler notre longue colonne, mais, malgré tous nos signes, il est impossible de les faire avancer à moins de 6 à 700 mètres..... Le village de Pibona, où nous nous arrêtons environ dix minutes, s'élève au pied des monts Ankarahaha; il semble écrasé par la masse de ces montagnes, auprès desquelles ses maisons paraissent de simples termitières.

Les pentes des monts Ankarahaha, que nous ne tardons pas à gravir, forment un contraste frappant avec le pays environnant. Crevassées par des ravins profonds, couvertes de pierres absolument dénudées, elles rappellent les plus vilains pays que nous avons laissés là-bas, bien loin derrière nous.

Après une pénible ascension, nous arrivons sur un plateau mamelonné, d'où nous ne tardons pas à apercevoir la vallée du Kéliane. Comme celle de l'Andranobé, elle est couverte de riches cultures, au milieu desquelles les villages antimerinas jettent autant de taches rouges. Parmi ces taches rouges une grande tache blanche très éclairée par les rayons obliques du soleil couchant nous indique l'endroit où bivouaque le gros de la colonne.....

Tandis que notre arrière-garde descend dans la vallée, j'ai une très intéressante conversation avec mon ami X...., maréchal des logis indigène aux conducteurs sénégalais, un glorieux vétéran des luttes contre Samory et Béhanzin. Il vient me faire ses doléances sur le manque d'entrain des conducteurs kabiles. « Ah! mon litnant, cis ispices de nigros-là tous mabouls! » Je dois dire que tout ce qui n'est pas Français ou Sénégalais est immédiatement classé dans la race noire par mon brave ami, qui, s'il est vaillant soldat, n'est pas ethnographe distingué.

Après quelques instants de silence, il reprend, parlant des Hovas cette fois ci : « Cis ispices de nigros-là, mon litnant, y en a pas bon, toujours partir; si moi on prendre un li couper les..... », et tout cela avec un accent inénarrable, avec une petite voix de fausset, qui étonne au sortir de cette large poitrine, de ce cou puissant..... Maintenant c'est à un conducteur sénégalais qu'il en veut; après lui avoir fait plusieurs observations, dont ce dernier n'a tenu aucun compte, il se fâche tout rouge, lui adresse de violents reproches dans une langue bambara, ouollof quelconque, où les mots se choquent, résonnant comme autant de rauques grognements; puis il termine d'une voix douce et presque musicale : « Si tu n'comprends pas le franci, faut le dire mon z'ami ». J'ai peine à retenir un éclat de rire.....

Sur ces entrefaites, nous arrivons au camp; le jour a sensiblement baissé, et c'est presque à tatons que les tentes sont dressées..... Demain matin nous rejoignons l'infanterie de marine. Le général Duchesne veut concentrer toutes ses forces pour marcher sur le Lavohitra et Babay, où de forts rassemblements ennemis sont signalés.

D'Ambohidrarara à Babay (25 septembre).

Ce matin le départ a été pénible; le nombre des fiévreux, des dysentériques et des éclopés augmente tous les jours, et malheureusement les moyens de transport restent les mêmes..... C'est une véritable lutte entre ces pauvres gens, pour obtenir le bienheureux cacolet; c'est à qui montrera au docteur les plaies les plus ignobles, les selles les plus sanglantes, la cachexie la plus avancée....., et lorsqu'ils ont obtenu la place tant désirée, ils ont encore, ces pauvres mourants, un sourire de bonheur pour illuminer leurs faces jaunes et livides.....

A deux kilomètres du campement, nous rencontrons la brigade de marine; elle prend la tête de la colonne, qui déroule ses longs anneaux sur les hauteurs pierreuses bordant à l'ouest la vallée du Kéliane. Au sud-est les hauteurs du Lavohitra, dentelées par mille pics et arêtes rocheuses, s'étendent jusqu'à la rivière en pentes très douces.

A la bifurcation de la route d'Ambohimanga, nous pouvons admirer de magnifiques tombeaux hovas.

L'architecture extérieure est assez grossière, mais la masse pyramidale du monument est vraiment imposante. Tout le luxe, d'ailleurs, est réservé pour l'intérieur du tombeau, dans lequel on pénètre par une porte en bois massif. Après avoir descendu quelques marches, on circule dans de véritables galeries souterraines, dont les parois sont creusées pour recevoir les cercueils. L'importance du tombeau dépend de la situation de la famille à laquelle il appartient. Quelques-uns renferment, paraît-il, de véritables richesses.....

Après avoir passé le Kéliane, nous traversons une suite de villages très coquets; la route que nous suivons entre deux haies de maisons est ombragée par des arbres magnifiques aux senteurs délicieuses. Malheureusement, ce moment de bien être est de courte durée, il faut quitter cet éden pour grimper sur les contreforts pierreux et dénudés du Lavohitra..... •

Le mont Lavohitra ne manque pas d'une certaine grandeur, tant par la puissance de sa masse que par la hardiesse de certains de ses contours..... De nombreux indigènes se sont réfugiés sur ses pentes, et les multitudes de petites taches blanches formées par leurs groupes achèvent de donner à la montagne un aspect tout particulier.

Ces indigènes chassés de chez eux par la crainte des wasahas doivent, s'ils ont un peu le sentiment de l'ordre,

avoir une piètre idée de nos troupes..... Le soleil est chaud,
l'étape est longue..... et dame! les traînards sont nombreux!

Après avoir traversé les contreforts ouest du Lavohitra,
nous entrons dans la vallée de l'Anjomoka. Les villages,
devenus très rares sur les pentes du Lavohitra, se montrent
ici très nombreux. Nous avons même l'agréable surprise
de ne pas les trouver complètement déserts. Quelques
familles plus hardies nous ont attendus de pied ferme.

Les hommes, avec leurs longs favoris et leur type de
notaire de province, nous envoient de grands coups de chapeau. Les femmes, les toutes jeunes surtout, avec leurs
longues nattes enrubannées de rose ou de bleu, baissent
modestement les yeux. Quelques-unes d'entre elles sont
réellement jolies, presque toutes sont gracieuses. Je me
félicite, pour le beau renom de l'armée française, de ce que
notre langue est à peu près ignorée dans ce pays, car nos
troupiers n'emploient pas précisément des expressions à
la Scudéry pour manifester leur enthousiasme. Après
avoir visité un temple protestant, assez curieux par sa
ressemblance architecturale avec nos petites églises lor-
raines, nous apercevons le village de Babay, perché en
nid d'aigle sur une sorte de pain de sucre boisé. Il paraît
que de ce point élevé on voit Tananarive; je n'irai certes
pas vérifier le fait, car les pentes qui accèdent au village
paraissent terriblement abruptes.

Il est 1 h. 30 lorsque nous arrivons au campement; sur
toutes les hauteurs qui nous dominent, de grands attroupements blancs sont en vue. De nombreuses patrouilles,
envoyées en reconnaissance, reviennent sans renseignements précis sur la nature de ces attroupements; les Hovas
se dispersent dès qu'on les approche d'un peu trop près;
impossible de savoir si ce sont des paysans ou des soldats
que l'on a devant soi.

J'espère d'ailleurs que, paysans ou soldats, personne
ne viendra troubler notre repos, car aujourd'hui je suis

horriblement fatigué, et mes pauvres pieds ne seront bientôt plus qu'une plaie.

De Babay à Tsimahandry. — Combat de Sabotsy. — Tananarive!
(26 septembre.)

Au réveil, je suis obligé de faire les plus louables efforts pour entrer mes pieds saignants dans mes chaussures durcies et rétrécies par les bains répétés qu'elles ont pris hier..... Nous partons, je boite horriblement, chaque pas est une souffrance, et dire que j'ai encore une centaine de kilomètres à me traîner ainsi!

Ma compagnie est, aujourd'hui, avant-garde de la colonne. Au sortir du campement, nous passons à côté de la compagnie de Fitz-James, qui était de grand'garde cette nuit. « Rien de nouveau, mon capitaine? — Absolument rien, bonne chance. — Merci. » Et, cahin caha, je reprends ma place.

Nous ne tardons pas à arriver dans un petit village, très coquet avec sa petite église et ses maisons disparaissant sous un masque de plantes grimpantes. Nous nous y arrêtons dix minutes, que nous trouvons bien courtes, tant l'endroit est agréable et plaisant. A la sortie du village, la route s'engage entre deux rangées de tombeaux. Je m'apprêtais à regarder de plus près ces curieux échantillons de la civilisation hova, lorsque la pointe d'avant-garde, composée de quelques cavaliers, arrive sur nous à bride abattue. Elle vient de tomber dans une embuscade, et signale l'ennemi en force à quelques centaines de mètres au plus...

Nous marchons encore environ cinquante mètres, jusqu'à un groupe de maisons situées au bord d'un ravin, coupant perpendiculairement la route. Ce groupe de maisons a probablement été repéré par l'ennemi, car à peine la tête de colonne y est-elle arrivée, qu'une décharge générale, tant d'artillerie que d'infanterie, passe au-dessus de nos têtes avec un fracas effroyable. Le village de Sabotsy et les côtes de l'Antanjombato disparaissent maintenant sous un nuage de fumée blanche ; si l'on en juge par l'importance des positions et par l'intensité du feu, c'est tout une armée que nous avons sur les bras. Les obus éventrent les maisons, les balles, dont les sifflements sont répercutés par l'écho, font un tel vacarme que nous marchons pliés en deux, bien que criant de toutes nos forces : « Ne saluez pas, nom de nom, ne saluez donc pas! » Plusieurs des nôtres sont par terre, le vieil E... notamment, un brave troupier prochainement libérable. Il a été tué net d'une balle dans le cou ; le projectile a coupé la carotide et le sang a fusé très loin, comme une source rouge. Il n'a pas dit ouf.....

Malgré la violence et la soudaineté de l'attaque, le déploiement a lieu en assez bon ordre ; nous nous plaçons face à l'ennemi, et nos salves ne tardent pas à jeter leurs notes sèches et brèves dans le concert discordant où nous sommes si subitement entrés. Nous nous fusillons à moins de deux cents mètres ; les Hovas, très fortement retranchés, règlent leur tir avec une justesse remarquable. Leurs projectiles arrivent sur notre ligne découverte et y produisent des pertes sensibles. Pour ma part, debout derrière ma section à genoux, je suis très fortement ému. Le bruit strident des balles qui ricochent, la poussière soulevée par celles qui tombent à mes pieds, l'impression qu'il passe autour de moi mille petits morceaux de plomb dont un seul suffirait à m'envoyer là bas dans les régions inconnues....., enfin l'inaction à laquelle je me vois condamné, tout contribue à m'irriter singulièrement le système nerveux. Cependant, comme il n'y a situation à laquelle on ne finit par s'habituer, je retrouve bientôt tout mon calme, tout mon sang froid.

Les quatrième et deuxième compagnies sont venues sur ces entrefaites nous prolonger au pas gymnastique.

Derrière nous les généraux Duchesne, Metzinger et de Torcy suivent avec intérêt les péripéties de la lutte ; ils sont tous les trois aux premières loges pour recevoir les mauvais coups ; je ne peux m'empêcher de frémir, en songeant qu'un malencontreux obus peut, d'un instant à l'autre, supprimer la tête de l'expédition.....

Cependant, malgré nos salves, nous ne pouvons arriver à éteindre le feu de l'adversaire..... Notre situation, si nous restons longtemps encore découverts contre un ennemi abrité, peut devenir très mauvaise ; aussi le général Metzinger nous donne-t-il l'ordre de traverser le ravin et d'attaquer à la baïonnette les retranchements hovas. Je suis très heureux de me dégourdir un peu les jambes, et c'est avec un véritable plaisir que je bondis dans le ravin, pardessus les pierres et les blocs rocheux. Je cours tellement vite que le restant de ma section est à vingt-cinq mètres en arrière. Cette fougue manque de me jouer un vilain tour. En franchissant une haie, je tombe sur deux lascars armés de fusils, et paraissant nourrir à mon égard les intentions les plus hostiles. Il n'y a pas à hésiter : je prends mon revolver non chargé par le canon, j'en assomme un à moitié ; quant à l'autre, il vient d'apercevoir ma section et se jette à mes pieds, implorant ma clémence.

Deux ou trois hommes, me croyant en danger, accourent à mon secours, passent fortement à tabac mes deux magots, et après force horions consentent à les recevoir comme prisonniers.

Cependant nous arrivons sur la position ennemie ; les Hovas ne nous ont pas attendus. Leurs bandes se sont séparées en deux tronçons, les unes fuyant vers l'est, les autres vers le sud. Nous nous laissons malheureusement entraîner à la poursuite de ces dernières, je dis malheureusement, car le gros des troupes antimerinas a reculé vers l'est, et nous allons perdre notre place d'avant-garde ... Mais n'empiétons pas sur les événements.....

En arrivant sur la position ennemie, la 2e compagnie placée à l'aile droite de notre ligne, oblique très carrément vers le sud, à la poursuite de groupes importants, qui se sauvent dans cette direction. Heureusement le colonel Oudri a vu le mouvement, et avec le restant du bataillon il part soutenir la 2e compagnie, qui, livrée à ses propres forces, pourrait se repentir de sa témérité..... Nous sommes tous furieux, car nous nous rendons très bien compte que si le combat continue, ce ne peut être que vers l'est, dans la direction de l'Antanjombato et d'Ambohipiara..... Cependant, moitié marchant, moitié courant, nous atteignons le village de Sabotsy, où les Hovas avaient établi leur artillerie. Point de mire de nos batteries, le village n'est plus qu'une ruine. Les maisons sont défoncées et les rues coupées d'énormes fondrières, qui semblent autant de plaies béantes.....

Comme Babay, Sabotsy est bâti sur une sorte de pain de sucre, peu dominant vers le nord, mais très à pic et très élevé, par rapport à la grande plaine de Soavinimerina qui s'étend à perte de vue jusqu'à l'Ikopa.

Cette partie de l'Emyrne, avec ses nombreuses rizières, ressemble à une immense prairie; l'œil ne peut se lasser de regarder ces grandes étendues vertes, au milieu desquelles un monde grouillant d'hommes, d'animaux de toutes espèces, semble indiquer un débordement de richesse et de bien être.....

Très loin déjà dans la plaine, une petite ligne blanche, tranchant par sa régularité avec la cohue des gens et des choses de cette nature malgache, nous indique la 2e compagnie. Elle est certainement à quinze cents mètres, et il ne faut pas moins que des feux de salve..... tirés en l'air, pour l'arrêter dans sa course vagabonde.....

Nous descendons tant bien que mal le pain de sucre de Sabotsy, nous dégringolons ses pentes abruptes, plus souvent sur notre partie postérieure que sur nos pieds et nous rejoignons le capitaine C..., après de nombreux bains de pieds, de siège et de boue dans les rizières.

Arrivés à sa hauteur, nous nous établissons derrière de petites levées de terre, et de là nous commençons des feux de salve un peu dans toutes les directions.

On ne m'enlèvera jamais de l'idée que cette fusillade désordonnée ne fût une erreur.

Nos adversaires, pour la plupart d'honnêtes habitants, chassés de chez eux par notre arrivée, fuyaient pêle-mêle au milieu de leurs troupeaux affolés, et c'était pitié de voir les balles, plus rapides, rejoindre cette masse d'êtres animés, qui hurlait et se dispersait sous la pluie de fer qui la décimait. Un incident comique vint mettre un terme à cette tuerie inutile.

Un troupeau de porcs étant passé à proximité, deux ou trois légionnaires piquèrent au bout de leurs baïonnettes des petits cochons de lait, dans le but bien évident d'améliorer leur ordinaire. Je ne sais si les mamans truies se rendirent compte du triste sort réservé à leurs rejetons, toujours est-il qu'au nombre d'une vingtaine au moins, elles se lancèrent sur le bataillon et le forcèrent à faire face à ce nouveau danger..... Ce fut épique, les baïonnettes en grinçant labourèrent les chairs molles, quelques cris d'angoisse éclatèrent comme une fanfare sinistre, et les bouchers se lancèrent à la curée, prenant sur chaque bête pantelante les meilleurs morceaux, abandonnant généreusement le reste aux corbeaux à col blanc, aux charognards grisâtres.....

En quittant ce champ de carnage, l'aspect du bataillon est des plus pittoresques. Les hommes avancent, courbés sous le poids des victuailles, qui les couvrent d'une rosée sanglante ; au milieu de la colonne, les prisonniers hovas marchent encadrés par quelques baïonnettes ; ils portent, chacun, deux ou trois sacs, sauf un betsiléo qui a la mâchoire fracassée par une balle Lebel. Ce malheureux veut

absolument nous suivre, et malgré l'horrible plaie qui lui
déchire le visage, il marche encore d'un pas ferme et allé-
gre. Nègres et troupiers sont d'ailleurs devenus les meilleurs amis du monde. Les noms malgaches étant trop longs
à prononcer, nos légionnaires ont débaptisé leurs nou-
veauxcamarades. Raini... Rainan... etc., s'appelle maintenant François..., Ernest..., etc., et c'est très amusant
d'entendre dans les rangs de véritables conversations s'engager entre ces hommes de langues différentes.

Nous voici arrivés à Soavinimerina, joli village orné de
belles villas et de grands jardins, qui sentent bon le lilas.

Il est 11 heures, la chaleur est étouffante; dans la direction de l'est le canon se fait entendre sans interruption;
le docteur D..., brusquement saisi d'un accès de dysenterie, est obligé de s'arrêter. B... et quelques infirmiers res-
avec lui. Quant à nous, nous continuons notre marche sur
les côtes d'Alakamisy, où la fusillade se fait toujours entendre. A midi nous atteignons notre but; le feu a complètement cessé, mais quelle surprise nous attend! Tananarive! Tananarive la ville aux mille collines! Tananarive
le but, la pensée de tous! Tananarive nous apparaît toute
baignée de soleil, et si près qu'il semble qu'on va l'atteindre avec la main..... Nous sommes tous fous de joie.....
Nous rions, nous pleurons, nous nous embrassons sans
pouvoir nous lasser de répéter, de crier : Tananarive! Tananarive!... .

Tananarive occupe le centre d'une plaine admirablement
cultivée; elle est située sur une succession de collines, qui
dominent le pays environnant, et le fouillis lointain de ses
édifices et de ses maisons est une véritable surprise. Les
clochetons de ses palais, les flèches de ses églises donnent
l'illusion d'une fine dentelure, qui se détache sur le ciel si
bleu de l'Emyrne avec une netteté remarquable.

Autour de la cité se pressent de nombreux villages, séparés les uns des autres par d'immenses rizières, sur les-

quelles les lambas des paysans et des bergers viennent jeter une multitude de taches blanches. Çà et là des troupeaux de bœufs, de porcs et de moutons s'ébattent joyeusement dans de gras herbages, tandis qu'au loin une ligne argentée indique l'Ikopa, qui fertilise avec ses eaux toute la région.

Notre arrivée sur les côtes d'Alakamisy, à dix kilomètres de la capitale, est le signal d'une fuite générale. Les troupes régulières se pressent sur la digue, croyant que nous allons pousser notre succès jusqu'à Tananarive; les paysans, perdant toute confiance dans l'invincibilité des soldats de sa gracieuse et moricaude Ranavalo, se sauvent à toutes jambes, entraînant avec eux famille, troupeaux..... Un peu de hardiesse, et nous entrons pêle-mêle avec les fuyards dans Tananarive; nous sommes au palais de la reine, avant qu'ils soient revenus de leur stupeur.....

Malheureusement nous ne sommes qu'un bataillon, un pauvre squelette de bataillon !!..... D'ailleurs, voici le capitaine Wirbel, qui vient, de la part du général Metzinger, nous donner l'ordre de rétrograder.....

Notre colonne est passée, sans l'apercevoir, à côté du camp dressé à quelques kilomètres en arrière, à Tsymahandry.

Nous reprenons donc la marche sous un soleil de plomb; la chaleur nous transforme en autant de fontaines, et fait tomber bien vite notre enthousiasme, que ne soutient plus la radieuse vision de Tananarive.....

Il est 3 heures de l'après-midi, lorsque nous atteignons le camp; les lignes de tentes sont dressées sur un immense plateau entouré de rizières, où çà et là de maigres arbustes jettent leur ombre tremblotante et chétive, qui tranche avec la couleur de feu donnée à la terre blanche par un soleil brûlant..... Depuis 5 heures du matin nous marchons sous ses rayons terribles, et pourtant nous n'en sommes pas encore quittes. Les sacs déposés au moment du combat ne sont pas arrivés, il faut attendre pour se reposer et se restaurer..... Attendre !..... Savoir attendre, toute la force d'une armée est là !.....

Les tirailleurs algériens, installés depuis longtemps déjà au campement, ont successivement délogé les Hovas des crêtes de l'Antanjombato, du Fandrozana et des côtes d'Ambohipiara ; ils n'ont eu, pendant ces différentes affaires, qu'un caporal tué.

Il est 7 heures du soir, la fraîcheur a succédé à la chaleur, et nous attendons toujours, tenaillés par une faim atroce.

Il est 10 heures du soir, lorsque G... arrive, suivi des tant désirés bagages. Il nous rapporte des détails terribles ; il a rencontré plusieurs traînards, et notamment un clairon du bataillon, complètement mutilés ; ce dernier avait plus de trente coups de sagaie dans le corps..... Nos ennemis sont décidément aussi cruels que lâches, et ce n'est pas peu dire !.....

Séjour au camp de Tsymahandry (27 septembre).

Journée reposante et réconfortante, bien nécessaire après les fatigues inouïes endurées hier.

Je me suis réveillé aujourd'hui, à 8 heures du matin, au milieu de bonnes odeurs de cuisine qui montaient de tous côtés sur le grand plateau de Tsymahandry.

En sortant de ma tente, je me suis arrêté interdit, me croyant un instant transporté au temps fabuleux du fantastique goinfre, qui eut nom Gargantua. Partout, sur les grands feux qui pétillaient, des moutons, des porcs entiers, des volailles de toutes sortes, cuisaient et embaumaient. C'était un véritable régal pour l'œil et l'odorat.....

Aujourd'hui, des officiers hovas se sont présentés au général Duchesne ; je ne sais de quelle communication ils

étaient chargés, rien n'a transpiré en tout cas de leur entretien avec notre grand chef.

La marche sur Tananarive va être reprise demain matin, mais, au lieu de s'avancer directement sur la capitale,
la colonne va faire un immense détour par Imerinandroso,
Lazaïna, Ilafy de manière à attaquer la grande ville malgache par l'est, évitant ainsi les dangereux marais qui la
bordent à l'ouest.

De Tsymahandry à Imerinandroso. Combat d'arrière-garde (28 septembre).

Ce matin départ pour Imerinandroso. Le gros de la colonne s'ébranle de bonne heure, mais mon bataillon, qui
escorte le convoi, ne se met
en route qu'un peu plus tard,
vers les 8 heures seulement.
Une flanc-garde, composée du
troisième bataillon de tirailleurs et d'une batterie d'artillerie, protège le défilé de
la colonne à Alakamisy.

Le sentier d'Imerinandroso, que nous employons aujourd'hui, suit une ligne de crêtes dominant au nord
Tananarive et la vallée de l'Ikopa. La vue que nous avons,
du haut de ces hauteurs, est remarquablement belle ; le
pays légèrement mamelonné, avec sa teinte uniformément
vert clair, et ses horizons infinis, semble une vaste mer,
d'où émergent la masse énorme de Tananarive et les mille
villages rouges de l'Émyrne, avec leur ceinture vert foncé
de manguiers géants.

Sur le sentier que nous suivons, les hameaux se pressent
si nombreux que les habitants n'ont pu les évacuer.
D'abord ils se tiennent à distance respectable de la colonne,
mais peu à peu ils s'enhardissent, et bientôt viennent fra-

terniser avec nous, offrant à nos soldats volailles, légumes, fruits de toutes sortes.

C'est la première fois que je vois de très près et en si grand nombre les sujets de Ranavalo. Les hommes que j'ai devant moi, vigoureux et bien bâtis, n'ont rien de commun avec les misérables êtres loqueteux et décharnés que nous avons pris plusieurs fois au cours de la campagne. Vêtus d'effets très blancs, chaussés de souliers vernis, ils ont tout à fait bon air sous le grand chapeau de paille jaune..... Quant aux femmes, elle sont tout simplement délicieuses, avec leurs longues nattes d'ébène, leurs beaux yeux de velours et leurs grands rires malicieux, qui illuminent leurs visages bruns.....

De quoi, de qui rient-elles, ces belles filles, ces gracieuses fleurs des tropiques ?..... Hélas..... il faut bien s'en rendre compte..... c'est à nos dépens que toute cette gaieté s'exerce..... et de fait nous n'avons pas l'air flambard avec nos mines hâves, nos barbes incultes, nos souliers éculés et nos vêtements en guenilles..... Je sens sur ma face blême une vague rougeur courir, et je regrette un moment les grandes solitudes du Bœni, où mon pantalon taillé dans un sac à distribution passait incognito sous le seul gazouillis des oiseaux.....

Chemin faisant nous arrivons à Ambohidava, coquet village auréolé d'un fouillis de verdure, d'où monte le parfum pénétrant des lilas. Sous le portail de la petite église, une foule de fidèles s'écoule ; c'est dimanche, c'est la sortie des vêpres. Que de fantômes connus tout cela n'évoque-t-il pas ! Il me semble avoir une vision lointaine de la patrie absente et, sous le flot des souvenirs, mon cœur d'exilé se gonfle d'une grosse émotion.....

Mais voilà que tout à coup, dans le grand calme de cette belle journée, la note discordante du canon vient de s'élever, coupant subitement le charme de la rêverie heureuse..... Ce sont d'abord des coups espacés, accompagnés bientôt d'une fusillade désordonnée à laquelle répondent maintenant les salves de nos compagnies d'arrière-garde.

L'engagement, pour être inattendu, n'en semble pas moins vif; les détonations se succèdent avec une rapidité effrayante, faisant fuir, dans une envolée d'étoffes blanches, les grandes jeunes filles brunes et les gros bourgeois inoffensifs.

Nos deux compagnies (3e et 4e), placées en tête du convoi, s'arrêtent pour permettre aux échelons de serrer et pour prêter, le cas échéant, main-forte aux 1re et 2e compagnies. Cependant, au bout de trois quarts d'heure, le feu diminue d'intensité et cesse bientôt presque complètement. Nous reprenons notre route. Nous passons près d'Imérinandroso et atteignons les crêtes de Mangabé. De ce point nous apercevons dans la vallée le bivouac du gros de la colonne, et vers l'ouest nous pouvons contempler Ambohimanga, Ambohimanga la ville sainte, le Saint-Denis malgache, le palladium de l'Émyrne. C'est un grand mamelon verdoyant, qui émerge droit et sinistre dans la plaine, pareil à une énorme urne funéraire.

Notre arrivée aux portes d'Ambohimanga est un rude soufflet donné à la morgue antimerina, qui prétendait, dans un accès haineux d'assez mauvais goût, interdire l'accès de la cité sainte « aux chiens, aux cochons et aux Français..... ».

Il est déjà tard lorsque nous arrivons au camp. Sur toutes les faces du bivouac nos canons sont en batterie, prêts à repousser l'attaque des innombrables groupes ennemis qui paraissent sur les hauteurs d'Ambohimanga et, plus au sud, du côté de Lazaïna..... Vers 8 heures du soir, le convoi et les deux compagnies d'arrière-garde arrivent, elles sont harassées.....; il est trop tard pour faire la soupe, nous nous endormons avec un ou deux biscuits dans le ventre, non sans avoir pris plusieurs fois nos postes de combat, pour éviter toute confusion nocturne.....

De Imerinandroso à Ambohibé (29 septembre).

En dépit de tous les pronostics, la nuit a été calme : de temps à autre un coup de feu isolé..... et c'est tout.....

Ce matin la colonne a défilé devant le général Duchesne ; notre commandant en chef est étonnant de vaillance et de santé, son entrain et sa bonne humeur exaltent la confiance des hommes. Malgré les difficultés énormes qui se dressent chaque jour devant nous, aucun ne semble douter du succès final.....

La colonne a terminé son immense détour; elle suit maintenant la grande route d'Ambohimanga à Tananarive, route qui, si mes renseignements sont exacts, a été créée autrefois par un Français, M. Laborde. Le général Duchesne, pour ne pas froisser les susceptibilités religieuses du peuple vaincu, et pour éviter aussi toute perte de temps, a décidé de ne pas occuper Ambohimanga. Nous marchons donc aussi vite que possible sur Tananarive, pour éviter un exode de la cour, qui compliquerait singulièrement nos opérations à venir.

Jusqu'à Lazaïna la marche de la colonne n'est pas inquiétée, mais la grande solitude, le profond silence qui pèse sur toute la nature, inquiète et énerve ; on sent que l'orage suspendu sur nos têtes va éclater d'un moment à l'autre.....

Nous traversons Lazaïna, verdoyant et beau village, silencieux et désert. On se croirait transporté en plein pays des fées, dans les États d'une Belle au bois dormant quelconque.....

L'illusion, d'ailleurs, pour qui serait tenté de l'avoir, est de courte durée; à peine sortons-nous de Lazaïna que la fusillade éclate ardente en avant de nous. C'est notre avant-garde qui vient de se buter, à Sabotsy, contre les premiers éléments de défense de Tananarive. Nous pressons le pas pour soutenir nos camarades des tirailleurs et du 200e, mais lorsque nous arrivons sur le théâtre de la lutte, l'ennemi s'est déjà retiré. Ce petit engagement nous coûte quatre ou cinq blessés dont un de mes bons amis, le lieutenant Zaigue.

A partir de Sabotsy, mon bataillon prend la tête du mouvement et pousse rapidement sur Ilafy. Les Hovas abandonnent toutes leurs positions à notre approche, après un tiraillement désordonné aussi nourri que peu meurtrier.

Arrivée à Ilafy, où la colonne doit bivouaquer, la légion, chargée de fournir les avant-postes, se scinde en deux. Une compagnie, la 1re, se dirige sur Ambohibé, les trois autres sur Ambatofotsy.

La position d'Ambatofotsy, où nous devons nous établir, est très forte ; elle est faite d'escarpements rocheux successifs, on dirait un gigantesque escalier. Ce sera un morceau difficile à digérer, si les Hovas veulent le défendre. En prévision d'une occupation pénible, et pour stimuler l'ardeur de tous, le drapeau du régiment d'Algérie déployé marche au milieu de nous. Ah! c'est à ces moments-là que l'on comprend bien la signification, la haute portée morale de ce mot : drapeau! En le voyant là tout près de moi, ce n'était plus le morceau d'étoffe banal, c'était une France immense, flamboyante avec tout un passé de gloire et de grandeur, qui de sa main montrant la position ennemie disait : Le devoir est là...

Cependant nous approchons d'Ambatofotsy, et rien ne bouge ; les hauts escarpements pierreux restent muets et énigmatiques. Nous sommes arrivés à leur base, rien encore ; nous les gravissons, toujours rien ; nous les couronnons, rien... L'ennemi a abandonné cette superbe position sans combat.

De la hauteur où nous sommes parvenus, la vue est réellement poignante. Devant nous les deux crêtes de l'Ankatso et d'Andrainarivo se dressent comme deux va-

gues monstrueuses, que les lignes très blanches de l'armée
ennemie frangent d'écume, et derrière la masse imposante
de Tananarive s'élève avec ses palais monumentaux, ses
mille petites maisons rouges, ses rues tortueuses où se
presse une foule blanche, tumultueuse, affolée.

A notre gauche, sur les pitons d'Ambohibé, la fusillade
continue très nourrie; c'est la compagnie P..... qui prend
sa position d'avant-postes. A notre droite, le combat fait
rage dans la grande plaine d'Ambohinola. Nous suivons
passionnément avec nos jumelles les péripéties de ce drame, qui se déroule presque à nos pieds. Les Hovas sont
établis en avant d'Ambohinola, dans de grandes et profondes tranchées, d'où ils fusillent nos soldats empêtrés dans
les rizières qui entourent le village; le combat semble indécis. Mais voici tout à coup le grondement puissant de
nos petites pièces de montagne qui intervient. Le premier
obus tombe à vingt-cinq mètres à peine des tranchées ennemies et éclate dans un blanc épanouissement de fumée
et de poussière, puis les détonations se succèdent avec rapidité...; les obus éclatent maintenant fusants, semant sur
le bleu du ciel leurs taches de fumée blanche, et faisant
sortir de terre, sous la pluie de leurs balles, des légions
de petits êtres blancs, qui s'enfuient en hurlant. La place
est bientôt nette, l'infanterie de marine entre alors à Ambohinola où elle doit s'établir jusqu'à demain matin.

Pendant que nous étions absorbés par le combat d'Ambohinola, nos légionnaires, plus pratiques, ont fait main
basse sur les victuailles d'Ambatofotsy. En fouillant dans
les cases du village, ils ont découvert deux malheureux
Malgaches ficelés comme de véritables boudins, à moitié
morts de peur et répondant aux harmonieux prénoms de
Rainpazavo et Rainianzatach. Interrogés par Durand, ils
prétendent être tous deux esclaves du premier ministre.
Ils subissaient une punition disciplinaire, lorsque les habitants du village ont pris la fuite en les oubliant.

Le capitaine B...., touché par tant d'infortunes, les adopte séance tenante... comme boys, et pour faire disparaître jusqu'à la dernière trace de leur malheureux passé il les baptise, non moins séance tenante, Joseph et François.... Cependant nos pauvres boys gisent toujours lamentablement sur le sol; il est urgent de les tirer de cette position pénible, peu en rapport avec leur nouvelle dignité d'hommes libres. Pagnard est tout indiqué pour cette délicate mission. Armé d'un formidable couteau de cuisine, il s'approche d'eux et se met à couper leurs liens, malgré les cris et les lamentations de ces malheureux, qui croient leur dernière heure arrivée et cherchent à apitoyer leur bourreau.

Vers les 2 heures de l'après-midi, le général Duchesne, suivi de quelques officiers, vient à notre campement, pour décider en présence des positions ennemies quel sera le dispositif d'attaque de demain. Sur les plus hauts rochers d'Ambatofotsy, le groupe galonné se détache fantastique dans le fond bleu du ciel. Il s'anime, discute, gesticule, mais malgré notre attention nous ne pouvons rien saisir de l'entretien... Le général ne tarde pas d'ailleurs à se retirer, non sans jeter un regard distrait sur Rainpazavo et Rainianzatach, qui pilent du riz avec entrain sous la direction paternelle de anga Pagnard.

Vers 6 heures du soir, au moment où les marmites exhalaient leur plus appétissant parfum, la fusillade, entretenue avec modération pendant toute la journée, se réveille tout à coup, violente, du côté d'Ambohibé. Presque en même temps un express du capitaine P.... arrive, réclamant avec insistance une compagnie de renfort... Ma compagnie est désignée, les hommes renversent les marmites, jettent les poulets à moitié cuits et tous s'éloignent du bivouac si parfumé, avec du regret plein les narines et du vide plein l'estomac...

Le piton d'Ambohibé, sur lequel nous marchons, est pour ainsi dire le point symétrique d'Ambatofotsy par rapport à une ligne allant d'Ilafy à Tananarive. Pour atteindre ses pentes très hautes, très escarpées et se perdant déjà dans le brouillard du soir, il faut traverser d'immenses rizières d'où émergent de nombreux villages. Le capitaine B..... m'envoie à cinq ou six cents mètres en avant de la colonne pour reconnaître la praticabilité du chemin et faire exécuter, le cas échéant, les travaux nécessaires.

Je traverse donc presque seul la grande vallée qui sépare Ambatofotsy d'Ambohibé, essuyant les nombreux coups de feu des isolés qui couvrent la plaine, et me faufilant avec un rare bonheur parmi les groupes blancs qui veulent me barrer le chemin..... Depuis le commencement de la campagne, j'ai la conviction de n'avoir jamais couru danger aussi sérieux, et c'est de tout cœur que je remercie Dieu en entrant sous la porte basse du rowa d'Ambohibé.

Ma compagnie ne tarde pas à atteindre le village, sa masse plus imposante lui a épargné les attaques qui ont été prodiguées à mon petit groupe.....

Avant de nous coucher nous indiquons aux hommes les postes de combat et nous faisons une petite reconnaissance sur les pentes du mamelon. Tout est calme, un silence absolu règne dans les lignes ennemies..... Quelques lumières tremblottantes indiquent à peine Tananarive..... la nuit est noire comme de l'encre.

. . . .

1 heure du matin : la sentinelle vient de crier « aux armes ». Chacun gagne son poste les yeux encore gonflés de sommeil. Le grand silence qui suit le tumulte de l'alerte est sinistre, sinistres aussi sont les profondes ténèbres qui nous entourent, impénétrables abîmes noirs où le regard humain se perd inquiet et impuissant..... Après un quart d'heure de vaine attente, nous regagnons nos tentes, heureux des trois ou quatre bonnes heures qu'il nous reste à dormir.....

. . . .

Prise de Tananarive (30 septembre).

4 heures! un long coup de sifflet, c'est le réveil..... Au-dessus de nos têtes à travers le feuillage sombre des grands manguiers on aperçoit encore la lumière mourante des étoiles qui jettent leurs derniers feux dans le bleu très pâle du ciel.....

Autour de nous, la nature elle aussi s'éveille ; de toutes les plantes, des fleurs, des arbres, des mousses, de la terre, un grand parfum monte, débordant, enivrant de fraîcheur matinale.....

Du piton d'Ambohibé, la grande plaine cultivée en rizières qui s'étend à nos pieds disparaît cachée par un épais voile de brume, et de ce voile, sorte d'immense mer floconneuse, les hauteurs de l'Ankatso, d'Ambohimaro, de l'Observatoire et de Tananarive émergent seules, toutes couvertes du fourmillement blanc de l'armée ennemie qui s'éveille.....

Dans Ambohibé les tentes sont déjà pliées, les paquetages sont faits..... Les hommes sont silencieux ; il est facile de lire sur leurs physionomies qu'ils comprennent la gravité de la situation présente. Nous sommes, en effet, quinze cent Français, malades, épuisés, soutenus seulement par le désir de vaincre, d'accomplir la mission sacrée. Notre moral suppléera-t-il au nombre, ou devons-nous échouer misérablement au port? Mystère!.....

Maintenant, les flocons de brume qui nous entouraient comme en une île se sont dissipés. La vue peut errer très loin, les grands plateaux qui ondulent à nos pieds apparaissent mille fois tachetés de rouge par les villages antimérinas, et derrière nous, devant nous, autour de nous, partout le cercle blanc immense et profond se referme et s'avance.....

La journée commence pour nous par un accident tragi-comique..... Le capitaine X..., pour charmer les loisirs de l'attente et pour obéir aussi à un impérieux besoin de la nature, descend dans le ravin qui nous sépare de la hauteur d'Ambohimahitsy..... A peine a-t-il eu le temps de..... s'installer que le mamelon qu'on croyait abandonné par l'ennemi se couronne d'un nuage de fumée blanche et que mille détonations retentissent. Un conducteur kabyle est blessé au talon, un mulet tombe mort écrasant les cantines dont il est chargé. Quant au capitaine X..., il remonte la pente au pas gymnastique, tenant des deux mains son pantalon, et jurant après cette sâtanée pudeur qui a failli lui jouer un si vilain tour.....

L'attaque a été si soudaine, si inattendue, que nous restons quelques instants découverts, ne sachant au juste quelles mesures prendre..... Nous retrouvons, cependant, notre présence d'esprit, et, après nous être mis à l'abri de monuments funéraires situés à proximité, nous ripostons par salve sur les lignes ennemies qui sont maintenant à moins de deux cents mètres. Notre feu arrête leur élan, mais les soldats hovas, avec une bravoure dont ils ne sont pas coutumiers, s'accrochent au terrain et continuent à tirer sans se douter, les malheureux, du terrible danger qui les menace à droite..... Les tirailleurs sakalavas, entendant les détonations, ont fait un crochet leur permettant d'envelopper l'ennemi. Ils se faufilent le long des mamelons et avec leur agilité de chats grimpent le long des pentes..... Ils ne sont plus qu'à vingt mètres des Hovas, et ceux-ci ne les ont pas encore aperçus..... Nous avons cessé notre feu, empoignés par le drame qui va se dérouler..... Voici le choc! Des cris de terreur, de grands cris à donner la chair de poule éclatent et les lambas blancs se dispersent poursuivis par les Sakalavas..... Bientôt tout disparaît derrière la crête et les clameurs qui arrivent jusqu'à nous indiquent seules maintenant que le massacre continue.

Les premiers coups de fusil de la journée viennent d'être tirés, c'est le signal du combat. De tous côtés, comme une traînée de poudre s'enflamme, la ligne hova tout entière prend feu, tandis que les colonnes françaises, plus calmes, marchent sans tirer sur la position ennemie.

Nous avançons au milieu d'un vacarme assourdissant. Le ronflement des obus, le fracas des éclatements, les sifflements plus aigus des balles, les hennissements des chevaux, les cris des hommes donnent l'illusion d'une scène d'outre-terre, d'un déchaînement diabolique.....

Notre colonne (tirailleurs algériens, légion et artillerie) s'avance découverte sur le dos d'âne d'Ambohimahitsy.

De tous côtés, les gerbes de sable soulevées par les obus ennemis s'élèvent très blanches, pareilles à autant de minuscules geisers, et, devant nous, sur les hauteurs de l'Ankatso, l'épais brouillard blanc des batteries hovas que déchire, de temps à autre, l'éclair des pièces, s'étend comme un grand voile sur l'ensemble de la position.

Cependant nos batteries se sont arrêtées, et nos obus arrivent maintenant par rafales sur les crêtes ennemies, tandis que, protégés par ce feu violent, les tirailleurs sakalavas et algériens gravissent au pas de course les pentes de l'Ankatso..... Les voilà arrivés ! Toute la crête jusqu'à Ambatomaro nous appartient. Notre artillerie rebâte aussitôt ses mulets et prononce, sous la protection du bataillon de légion, son mouvement en avant. Nous dépassons Ambatomaro où les obus hovas des batteries de l'Observatoire et d'Andrainarivo arrivent par dizaines et nous nous arrêtons en arrière de l'Ankatso où l'artillerie s'établit pour éteindre le feu de l'adversaire. Il est 11 heures 30 minutes. Nous profitons de l'inaction forcée à laquelle nous condamne notre rôle de soutien pour déjeuner rapidement, déjeuner pas banal au milieu de la tempête grandissante et terrible de la bataille qui gronde en avant de nous. Nous ne voyons rien derrière notre crête, mais nous comprenons à l'intensité du feu que l'affaire doit être chaude. De temps à autre d'ailleurs, un boulet égaré vient ricocher au milieu de nous pour rappeler à la réalité de la situation les esprits nuageux, tentés de se croire tout simplement en France devant un bon déjeuner champêtre.

Coup sur coup, nous apprenons que l'Observatoire est occupé par les tirailleurs sakalavas et que le 3e bataillon de tirailleurs algériens s'est emparé d'Andrainarivo. Ce second résultat n'a pas été obtenu sans peines ni pertes.

Les tirailleurs en débouchant d'Andraisors ont été accueillis par un feu violent sous lequel ils ont du reculer après avoir perdu environ vingt-cinq hommes. Quelques-uns de ces malheureux ont été affreusement mutilés sur place..... Ce n'est qu'avec l'aide de l'artillerie que les tirailleurs ont pu, dans une seconde attaque, occuper la position..... Sur notre droite la brigade de marine s'est emparée des pitons 1311-1331, toute la ligne de hauteurs dominant Tananarive est entre nos mains. L'artillerie reçoit l'ordre de s'y rendre pour commencer le bombardement de la capitale sur laquelle le commandant Ganeval a déjà envoyé, en guise d'apéritif, quelques obus hovas trouvés dans la batterie de l'Observatoire.

L'immense ravin qui sépare les crêtes de l'Ankatso de celle de l'Observatoire est tout crevassé de profondes fondrières qui rendent la marche très lente nous n'atteignons Andrainarivo qu'à 3 heures. De tous côtés des cadavres ennemis portant l'uniforme de la garde, petite toque bordée de rouge, grande chemise blanche serrée à la taille, prouvent qu'ici la lutte a été rude. Certains dont la mort remonte à plusieurs heures sont déjà tout gonflés et couverts de milliers de mouches; mais ce qui m'impressionne le plus est la vue d'une tranchée où plusieurs soldats frappés en pleine lutte ont conservé dans la mort une pose si naturelle qu'on les croirait vivants : ils ont encore le fusil à la main et semblent à travers les embrasures guetter un ennemi qui s'avance.

A peine cette triste vision s'est-elle effacée, qu'un spectacle encore plus navrant s'offre à nos regards, ce sont nos soldats mutilés qu'on rapporte, lambeaux informes, corps incomplets, recouverts d'une toile de tente. Nous saluons bien bas ces martys, un jeune sergent-major, dit-on, un sergent indigène et deux ou trois soldats..... Je me promets bien, si l'issue de la journée ne nous est pas favorable, de conserver pour moi la dernière balle de mon revolver, plutôt que de tomber entre les mains d'aussi sauvages ennemis.

Mais nous voici arrivés tout près d'Andrainarivo..... En face de nous, à quelque cinq cents mètres à peine, Tananarive s'élève majestueuse..... Vue de près, Tananarive c'est tout un fouillis de petites maisons rouges bizarrement construites, avec des toits pointus et de minuscules balcons de bois ; c'est un fouillis inextricable, d'où émergent les masses monumentales des palais royaux, les silhouettes finement élancées des églises catholiques et protestantes..... Tananarive! c'est immense, c'est décousu, c'est grandiose..... c'est laid tout à la fois. Dans la contexture de la ville, dans l'architecture des palais on sent un manque de goût complet, mais on ne peut nier que cette agglomération rouge de maisons rouges ne fasse grand effet..... En tous cas, ce 30 septembre 1895, dans la splendeur de cette belle journée africaine, Tananarive tout scintillant de soleil m'apparut bien la fantastique cité que j'avais rêvée.....

Maintenant donc la parole est au canon... Le bombardement va commencer... les pièces sont en batterie. Sans souci du danger nous sommes tous réunis derrière elles, émus, anxieux de ce duel suprême.

C'est qu'il faut bien s'en rendre compte : ce bombardement réussi, c'est la fin de la campagne, c'est le triomphe,

c'est le retour ; manqué, c'est la défaite, c'est l'anéantisse-
ment de notre petite colonne, c'est la mort, la mort affreuse
comme ces sauvages savent la faire dans l'ivresse du
triomphe.

Lorsque le bombardement aura suffisamment ébranlé le
moral de l'adversaire et préparé l'attaque, six colonnes
d'assaut seront lancées sur Tananarive. Mon bataillon, gardé
en réserve jusqu'alors, doit fournir le gros effort au centre
et je ne puis m'empêcher de frémir en fouillant, à la
jumelle, les rues hérissées de barricades que nous aurons
à parcourir, les maisons crénelées dont il faudra nous emparer.

Mais le bombardement a commencé. Le palais de la
reine, point de mire de nos batteries, est touché à tout

coup ; nous voyons ses murs se lézarder, se fendre,
s'écrouler au milieu de la fumée des projectiles qui éclatent,
au milieu des incendies qui s'allument. Nous regardons,
oppressés, cette destruction d'une ville de 150.000 âmes et
nous quittons à peine des yeux le drapeau hova qui flotte
au sommet du palais, anxieux de le voir amené, de voir
finir ce massacre nécessaire tant qu'il sera debout...

Cependant, voici déjà une demi-heure que le bombardement est commencé ; les colonnes d'assaut sont formées,

elles vont partir. Notre commandant nous a déjà dit : « Aux faisceaux, Messieurs » ; je jette un dernier regard sur Tananarive, et, grand Dieu, qu'aperçois-je ? Ai-je bien vu ? Oui, je n'ai pas la berlue. Tout en haut du palais de la reine, un immense drapeau blanc flotte au lieu du drapeau rouge et blanc. Personne ne l'a encore vu. Le général Metzinger est à côté de moi ; oubliant toute convenance, je lui crie : « Mais, mon Général, ils se rendent ! Voyez le drapeau blanc !... » Au même instant, un parlementaire, deux parlementaires, trois parlementaires, précédés d'immenses drapeaux blancs, sortent de la ville et se précipitent vers nous au pas gymnastique... Le feu s'arrête sur toute la ligne.

. . . .

Comme une trombe le premier parlementaire arrive au milieu de nous. Il se prélasse en filanzane, mais malgré l'assurance et la dignité qu'il semble vouloir conserver, on se rend très bien compte qu'il a horriblement peur... Il roule de gros yeux inquiets autour de lui et son visage gras et joufflu sue par tous les pores l'angoisse qui l'étreint.

Ce parlementaire n'est autre que le ventru Razangy, le plus gros banquier de Tananarive, un homme qui, je crois, a bien des peccadilles sur la conscience, bien de mignonnes canailleries à se faire pardonner...

Un officier est désigné pour le conduire au général Duchesne...

Bientôt le bruit transpire que l'armistice vient d'être signé sur les bases suivantes : Tananarive sera occupé dès ce soir par les troupes françaises, les troupes malgaches rendront leurs armes...

Les Hovas, paraît-il, ont été complètement affolés par le bombardement, un seul obus à mélinite a tué trente-deux personnes... Enfin, d'un moment à l'autre ils craignaient de voir sauter la poudrière située dans les caves du palais de la reine, explosion qui eût pulvérisé les trois quarts de la ville... Cependant les troupes désignées pour occuper Tananarive partent sous le commandement du général Metzinger..... Nous ne sommes pas des élus, nous demeurons soutien de l'artillerie qui reste braquée sur Tananarive, prête à recommencer le bombardement à la première alerte. Le général Duchesne, lui non plus, ne couche pas ce soir à Tananarive, il réserve son entrée solennelle pour demain matin. Aujourd'hui, il dresse sa tente au milieu de nous. Lorsqu'il arrive dans notre camp, le bataillon prend les armes et lui rend les honneurs... Les hommes raidis dans le rang manœuvrent avec tant de correction et d'énergie que notre grand chef ne peut s'empêcher de s'écrier : « Ah! les beaux, les braves soldats! »

. . . .

Jusqu'au soir notre camp est envahi par une foule blanche de gros bourgeois ventrus, de gracieuses jeunes femmes et de tout petits enfants..... Ils nous regardent curieusement et paraissent étonnés de trouver si piteuse mine à leurs vainqueurs. On sent que ces gens se disent en nous voyant : « Tiens..... ce n'est qu'ça?..... »

Vers les 9 heures, je rentre sous ma tente goûter un repos bien gagné, avec l'immense satisfaction du devoir accompli jusqu'au bout.

Vingt jours sous Tananarive (du 1er au 21 octobre).

L'entrée de Tananarive nous a été définitivement refusée, on a eu sans doute peur que cette troupe de brigands appelée légion ne vienne compromettre l'œuvre de paix si heureusement commencée! Pauvres légionnaires, comme on vous connaît mal!....

Notre camp reste donc dressé sous les murs de la capitale malgache, au seuil de cette autre terre promise où nous ne devons pas entrer..... A côté de nous s'élève l'hôpital anglais, grande construction à toit rouge dans laquelle plusieurs centaines de blessés et malades sont soignés tant par des médecins français qu'anglais et même malgaches. ..... Très curieux cet hôpital exotique où l'on rencontre à travers les salles brillantes de propreté les jeunes miss ridiculement accoutrées, les graves étudiants aux figures noires comme l'ébène..... Très lugubre aussi cette maison de misère où tous les jours meurent par dizaines nos pauvres petits soldats que ne soutient plus l'excitation de la marche, du but à atteindre.

. . . .

Le 4 octobre nous recevons l'ordre de lever le camp pour nous rendre à la cartoucherie royale de Soanerana, située tout à fait au sud de Tananarive. Cette cartoucherie, immense bâtiment carré situé au centre du village de Soanerana, sera certes une résidence plus agréable que le mamelon pierreux d'Andrainarivo. Nous pourrons, à l'abri du soleil, y jouir d'une sieste tranquille, nous pourrons enfin nous procurer le bien être qu'une installation en plein air ne permet jamais de réaliser.

La cartoucherie de Soanerana, notre nouvelle résidence, est extrêmement curieuse : au rez-de-chaussée, des multitudes de machines en excellent état prouvent combien l'ennemi était fortement outillé; au premier étage, des salles entières sont remplies de fusils de tous modèles : Snieder, Remington, Martini, Winchester.... Enfin, dans les cabinets d'étude, nous découvrons des monceaux d'épures de machines que ne renieraient pas nos polytechniciens et nos centraux.

A Soanerana nous vivons dans l'abondance la plus complète; personne d'ailleurs ne s'en étonnera lorsque j'aurai dit qu'une dinde magnifique, une oie bien grasse valent environ quinze sous, un beau poulet cinq sous et tout à l'avenant, sauf cependant l'épicerie et le vin qui sont hors de prix.

Notre séjour à Soanerana est d'autant plus agréable que l'interdiction d'entrer à Tananarive a été levée pour les officiers..... Tous les matins j'appelle donc mes quatre bori- zanas et au grand pas gymnastique je file sur Tananarive, trimbalé en filanzana, le plus cahotant et désagréable véhi- cule que je connaisse. Je traverse ainsi Soanerana comme

une flèche, non sans essuyer les salutations profondes de tous mes noirs fournisseurs pour lesquels je suis anga (chef de popote), c'est-à-dire un monsieur qui paie et par conséquent éminemment respectable. Toujours très vite je côtoie les rizières de Fiadanana et de Mananjara, dominé à droite par la masse de Tananarive, à gauche par l'Am- bohijanahary, sorte de montagne historique, sorte de grand champ de mars antimérina..... Puis j'entre dans Tananarive, au milieu d'une multitude de paysans qui amènent sur le marché de la capitale légumes, fruits, bestiaux, soieries, dentelles.....

J'arrive ainsi, au milieu d'une agitation extraordinaire, sur la place d'Analakély, où l'intendance militaire a installé ses magasins, puis par un dédale de petites rues affreusement entretenues, horriblement pavées et dotées de pentes invraisemblables, je suis hissé par mes borizanas jusqu'à la place d'Andohala, la place chic de l'endroit, la Concorde malgache.....

Et de fait cette vaste place d'Andohala a réellement grand air avec ses nombreux monuments, ses beaux hôtels et son aristocratique animation. Tout ce que Tananarive possède de gommeux, de pschuteux, de mondaines et d'élégantes s'y donnent rendez-vous.

Voici, par exemple, le prince Rasta....., bien serré dans une redingote dernière mode, bien chaussé dans de superbes souliers vernis qui brillent presque autant que son épingle de cravate; il salue la toute gracieuse madame Raccrochtoultan, nonchalamment étendue dans son filanzana, adorable avec sa figure brune que protège une belle ombrelle rose ou bleue du plus charmant effet.....

Et cet autre à l'air farouche, vêtu, suivant les vieilles coutumes, d'un pantalon blanc sur lequel s'étale une chemise blanche ornée de superbes initiales, ce n'est pas un gommeux, certes, mais de quel respect n'est-il pas entouré?

C'est le fameux X....., célèbre pour avoir fui héroïquement depuis le début de la campagne et avoir raconté des mensonges à scandaliser un Marseillais.

Sur la place d'Andohala, et d'une façon générale à Tananarive, on flirte beaucoup..... Les femmes y sont d'une indécence rare, les hommes d'une audace inouïe..... Un grand chef arabe taxait devant moi à vingt francs la vertu des femmes de sa race; ici, c'est beaucoup moins cher: il n'y a pas, je crois, de beauté antimérina qui ne se laisse séduire par la belle piastre bien brillante..... Dans la rue, les

femmes du meilleur monde jettent leur dévolu sur qui
leur plaît, et personne n'y trouve à redire; l'exemple leur
vient d'ailleurs d'en haut, de la famille de la reine qui possède, c'est le secret de polichinelle, plusieurs Messalines
bien connues pour leur tempérament de feu; la reine elle-
même..... Mais, halte-là, ne commettons pas de crime de
lèse-majesté.....

De la place d'Andohala je continue ma promenade vers
le palais de la reine. Chemin faisant, je passe à côté de
l'hôtel du premier ministre, construction monumentale,
bizarre, surmontée de petits clochetons qui de loin ressemblent à ces globes de verre employés par les maraîchers
des environs de Paris. Cet hôtel est maintenant désert, le
vieux Rainilaiarivony ayant été mis à l'ombre dans un
local plus facile à garder. Quand je dis désert, c'est une
façon de parler, car les rares privilégiés admis à visiter
cette résidence la dépeignent comme un véritable musée
où les oripeaux de toutes sortes collectionnés pendant la
longue carrière du premier ministre s'entassent en monceaux panachés. Les bouteilles de rhum, les revolvers, les
habits de soirée, les conserves alimentaires, les fusils, les
bijoux, etc., y fraternisent dans un désordre digne de l'étalage d'un marchand de bric-à-brac..... Funèbre étalage,
en tous cas, que celui du vieux bandit antimerina, funèbre
étalage qui représente bien des crimes, bien des vols et
bien des exactions..... On ne peut se faire idée combien ce
tyran nègre a su se faire craindre du peuple malgache.
Maintenant encore qu'il a pieds et poings liés on n'en parle
qu'à voix basse, comme s'il avait le don de tout entendre.
..... Il y a deux ou trois jours, étant entré avec un de mes
camarades dans la boutique d'un Mauricien, nous nous
fîmes présenter plusieurs photographies, entre autres celle
du premier ministre..... « ... Ah, la belle tête de singe,
s'écria mon ami X..., en contemplant le visage auguste de
Rainilaiarivony..... » A cette exclamation, le Mauricien

devint blême, et, d'une voix blanche, d'une voix trem-
blante : « Ah! mon lieutenant, pas si haut, s'il vous entendait!.... »

Le palais de la reine est situé tout près de celui du premier ministre. On y accède par une porte monumentale
surmontée du vautour à sept plumes.

L'immense habitation, le formidable cube de maçonnerie
qu'est ce palais semble maintenant mort et désert. Toutes
les grandes fenêtres sans rideaux restent muettes et énigmatiques; de temps à autre seulement une jeune femme
ou bien encore un officier de service sort du palais..... et
c'est tout..... La reine, paraît-il, est restée depuis le bombardement dans un état de prostration complet; elle ne
veut plus sortir de sa chambre, elle ne consent à voir personne.....; elle s'imagine, sans doute, la pauvre femme,
que, vainqueurs, nous allons user vis-à-vis d'elle des pro-
cédés cruels qu'elle nous aurait prodigués, vaincus.

Après avoir tourné plusieurs fois autour, après avoir
en vain essayé de pénétrer dans ce palais qui m'intrigue,
je redescends vers Tananarive, vers la grande rue com-
merçante qui mène à la résidence française. Cette rue est
extrêmement pittoresque avec ses bijoutiers en plein air,
ses marchands de mangues, d'ananas et de galettes de riz,
ses boutiques aux devantures desquelles pendent de vieilles
gravures représentant la prise de la Smalah, le sacre de
Napoléon 1er, le naufrage de la Méduse, etc., etc..... C'est
dans cette rue qu'habite ma couturière...... Ne jetez pas
les hauts cris : à Tananarive, le monopole des effets mascu-
lins ou féminins est réservé aux femmes.....; je vais donc
voir ma couturière, une avenante Malgache, qui taille les
culottes anglaises et les vestes d'ordonnance comme si elle
n'avait jamais fait autre chose de sa vie.....

Après avoir flâné quelque temps encore, je vais déjeuner
soit chez les tirailleurs, soit chez les artilleurs, puis je
rentre vite à Soanerana avant l'averse quotidienne. Car

nous sommes maintenant en pleine avant-saison des pluies. L'avant-saison des pluies précède la saison des pluies proprement dite d'environ un mois; elle ne dure que quinze jours, mais pendant ces quinze jours, à heure fixe, de 3 à 5, l'eau tombe du ciel en véritables cataractes; malheur à celui qui s'attarde, il est trempé jusqu'aux os et la fièvre est presque toujours la conséquence de son imprudence.....

Lorsque le soir arrive, que le ciel est bien lavé de tous ses nuages d'orage, nous nous mettons à table sous la vérandah de la cartoucherie pour déguster toutes les bonnes choses préparées par anga Pagnard; puis, après dîner, nous fumons béatement, tranquillement, une cigarette ou deux, bercés par la musique d'un petit orchestre malgache, enivrés des odeurs pénétrantes et malsaines qui montent de cette terre africaine.....

Lorsque nous allons nous coucher, nous rencontrons çà et là dans la nuit des groupes amoureusement enlacés qui s'éloignent en nous voyant. L'autre jour, j'ai même attrapé cette petite fripouille de François qui amenait au gros Pagnard une délicieuse enfant.

« Quelle est cette femme? lui ai-je demandé. — Çà, femme moi. — Pourquoi l'amènes-tu au camp? — Pour Pagnard. — Comment, saligaud, tu prêtes ta femme à Pagnard! — Ah! François camarade Pagnard; femme François, femme Pagnard. »

O logique, où vas-tu te nicher!.....

Le désarmement méthodique continue; aujourd'hui 14 octobre ma compagnie est désignée pour se rendre à Antanjombato, petit village éloigné d'environ sept à huit kilomètres; nous devons y prendre quelque chose comme 1.000 ou 1.500 fusils et une cinquantaine de caisses de munitions.....

Nous partons donc de bonne heure; nous cheminons quelque temps sur la digue, enveloppés du brouillard matinal qui monte des rizières..... puis nous traversons l'Ikopa. Les hommes, pour ne pas se mouiller, empruntent les canots indigènes amarrés à la rive; quant aux mulets, ils profitent du gué..... Malheureusement les eaux, sous l'influence des pluies, ont terriblement grossi; le courant est très fort; deux mulets et leurs conducteurs sont roulés par les flots, ils disparaissent. Le moment est poignant. Allons-nous assister à l'agonie de ces malheureux sans pouvoir leur porter secours? Non! car une nuée d'indigènes se sont déjà jetés dans l'eau et nous ramènent bientôt sur la berge non seulement nos deux hommes, mais encore nos deux mulets. Le capitaine B... récompense largement ces braves gens avec une bonne poignée de belles piastres neuves.....

Cependant nous voici à Antanjombato. Les armes qui doivent nous être livrées s'amoncèlent en tas énormes, nous les comptons et les chargeons sur nos mulets..... Pendant ce temps, le chef du village, qui parle parfaitement le français, nous donne des renseignements éminemment suggestifs sur la droiture commerciale anglaise. Les winchesters, les remingtons..... armes de provenance britannique, étaient vendues au gouvernement malgache 1.200, 1.500 et même 2.000 francs..... Ceci dit, que l'on juge du bénéfice fait par ces juifs d'outre Manche, si l'on considère que notre excellent fusil modèle 1886 ne revient qu'à une cinquantaine de francs seulement!.....

L'opération terminée à Saonerana, notre retour, y compris le passage de l'Ikopa, s'opère sans incident. A 2 heures de l'après-midi nous sommes rentrés.....

17 octobre. — Aujourd'hui 17 octobre, le général Duchesne est venu faire ses adieux au bataillon de légion; nous devons en effet partir dans quelques jours pour Majunga et de là pour France.....

Vers les 9 heures, nous étions donc rangés en ligne déployée face à Tananarive, entourés d'une masse de

peuple venue de très loin voir le vainqueur de Ranavalo ;
tout à coup les borizanes rouges du général débouchent
sur la place où nous sommes massés. Le commandant R...
commande de sa plus belle voix : (baïonnette..... on).....
et trois cents baïonnettes brillantes, lançant des éclairs,
sortent des fourreaux.....

A cette vue, les Hovas croyant leur dernière heure
venue, s'imaginant qu'on va les massacrer séance tenante
en l'honneur du commandant en chef, s'enfuient en poussant des hurlements affreux ; ils se précipitent dans une
poussée formidable vers les issues de la place sur laquelle
ne restent bientôt plus que quelques pauvres marmots qui
se débattent, abandonnés, en poussant de petits cris..... Le
général passe rapidement devant le front des troupes, puis
il renvoie les hommes dans leurs cantonnements qu'il
visite quelques instants après. Le général Duchesne,
ancien officier de légion, apprécie d'une façon particulière
cette troupe si essentiellement militaire ; dans le cours de
la campagne il n'a pas perdu une occasion de faire comprendre aux légionnaires combien il les aimait, et, aujour-
d'hui, sur le point de les quitter, il vient leur dire un cordial
au revoir. « Si la confiance du gouvernement, nous dit-il,
m'appelle à diriger une autre expédition, je n'oublierai
jamais la légion, la brave légion ! »

Avant de partir, il nous annonce aussi la création d'une médaille spéciale, commémorative de l'expédition, il nous communique les remerciements de la France et nous souhaite bon voyage vers la mère patrie.

20 octobre. — Nous partons demain pour Majunga ; aussi vais-je aujourd'hui faire une dernière visite, une visite d'adieu à Tananarive..... Elle me paraît mélancolique, ma dernière promenade à travers les rues étranges de la grande ville antimérina ; malgré la joie du retour, j'ai le cœur comme serré de quitter toutes ces choses, ces gens qui m'étaient devenus familiers. Je jette des regards tristes sur tout ce qui m'entoure, sur ces petites maisons rouges, sur cette foule blanche que je ne reverrai sans doute plus jamais.....

Vers 2 heures de l'après-midi tous les officiers du bataillon se réunissent pour aller à la résidence de France présenter leurs hommages au général Duchesne. La résidence de France est certainement ce qu'il y a de plus beau dans tout Tananarive. Ce palais, élevé quelques années avant la guerre et destiné à frapper l'imagination des indigènes, est de tous points digne du grand pays qui l'a fait construire. L'extérieur du monument est gracieux, imposant ; quant à l'intérieur, c'est tout simplement une merveille de bon goût avec sa grande salle de billard, son superbe salon de réception dans lequel nous sommes introduits et où nous paraissons, entre parenthèses, singulièrement dépaysés. Pour ma part je patine odieusement sur le parquet bien ciré ; il y a si longtemps, ma foi, que je chemine sur le tapis des brousses ou dans la vase des marais, que cela n'a rien de trop étonnant.....

Mais voici le général Duchesne. Il s'adresse d'abord aux officiers du 200e, à l'énergie et au moral desquels il rend plein hommage ; puis il se tourne vers nous et dit : « Quant à vous, messieurs les officiers de légion, vous avez été au cours de cette campagne tout à fait remarquables ; votre bataillon s'est distingué tant par son endurance aux travaux de la route que par sa vaillance au feu ; votre légion s'est montrée digne de son glorieux passé ; vous pourrez rentrer en Algérie la tête haute, fiers de votre tâche noblement accomplie. ».....

Lorsque nous rentrâmes à Soanerana, nos fournisseurs nous lancèrent de grands coups de chapeaux navrés. Ils avaient sans doute appris notre départ prochain et pleuraient déjà la perte de ce gros client qu'est un bataillon de légion.

Le Retour.

De Tananarive à Majunga. (Du 21 octobre au 1er décembre.)

Ce fut une route pénible, un long calvaire douloureux que cette descente sur Majunga au milieu de sites connus, qui ravivent tant de deuils récents, tant de jeunes tristesses. Ce fut un cauchemar affreux, une horrible vision de mort, que cette promenade macabre à travers le grand cimetière malgache !.....

Les clochers de Tananarive avaient à peine disparu à l'horizon que nous voilà à Sabotsy, puis à Ankazobé ; dans la brume lointaine voici maintenant les Ambohimenas, — pas gais les Ambohimenas ! avec le faux air de charnier que leur donnent tous ces squelettes de soldats morts..... toutes ces carcasses de mulets crevés. — Et le col de Kiangara, donc et Ambobinore, et Tsynainondry, et le Tafofo !..... partout c'est la vision du néant, c'est la pourriture. Ici ce sont des malheureux, morts en buvant et empoisonnant les sources, là c'est un conducteur kabyle qui s'est assis pour mourir à côté de son mulet mort ; par un prodige d'équilibre le corps dépouillé

de sa chair reste droit, la tête grimaçante est toujours coif-
fée de sa chéchia rouge, et dans ses yeux, ces yeux qui ont
vu, ri, pleuré, de gros vers blancs grouillent, font orgie.....

Puis ce fut Andriba, Andriba avec ses cimetières immenses où dorment tant de camarades, tant d'amis mêmes.
C'est là que tu reposes, cher Becker, mon brave camarade
de Saint-Cyr; c'est là où pieusement j'ai prié pour toi, tout
près d'un petit ravin où croissaient de grands manguiers
verts tachetés de mille fruits d'or !.....

Après Andriba échut à ma compagnie la fatigante mission de replier les étapes. Tous les jours départ à 8 heures
du matin pour arriver le soir à 6, 7 heures..... Nous tra-
versâmes ainsi le camp de la cote 750, Antsiafabositra, où
le cimetière placé sur une pente a été complètement raviné
par les pluies qui ont mis à nu çà et là d'horribles charognes en décomposition..... qui..... hélas! furent des hommes..... Après, ce fut Andjedjé, le camp des Sources, le
Ponceau, Béritzoka, Tsarasotra, Behanana, Suberbieville
ou le 200e dort son dernier sommeil; puis Marololo..... Là ce
fut fini; nous prîmes passage à bord d'une canonnière qui
nous transporta jusqu'à Ankaboka, parmi le paysage féerique de cette Betsiboka rouge qui coule tantôt au milieu de
contrées aux horizons infinis, tantôt à travers d'étroits défilés ombragés de manguiers et de palétuviers superbes.....
A Ankaboka nous nous embarquâmes sur le *Gertie,* navire
anglais, qui nous conduisit à Majunga. Nous revîmes donc
la large baie de Bombetock, les petites maisons blanches
de Majunga, les gros navires qui devaient nous emmener,
et j'eus alors le sentiment que le cauchemar malgache, ce
cauchemar qui m'obsédait depuis la funèbre traversée de
ce pays de mort, allait s'évanouir bientôt.....

. . . .

1er décembre (à bord de l'*Indoustan*). — Là-bas, vers le
sud, se perd quelque chose de rougeâtre qui est la terre
malgache; devant nous, vers le nord, c'est l'infini de l'océan

qui scintille et brille sous un soleil brûlant..... Je jette un dernier regard très triste sur ce rien qui s'efface, puis me tournant vers le pays où luit l'espérance radieuse, je laisse mon cœur, mon esprit, moi, gonflé de la joie de vivre, m'envoler très vite vers lui.........

. . . .

. . . .

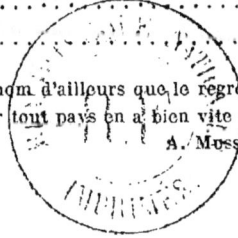

De quelque nom d'ailleurs que le regret s'appelle,
L'homme par tout pays en a bien vite assez.....

A. MUSSET.

FIN

TABLE DES MATIÈRES

IIe PARTIE
LA ROUTE

IIIe PARTIE
LA COLONNE LÉGÈRE

Paris et Limoges. — Imprimerie Henri CHARLES-LAVAUZELLE.

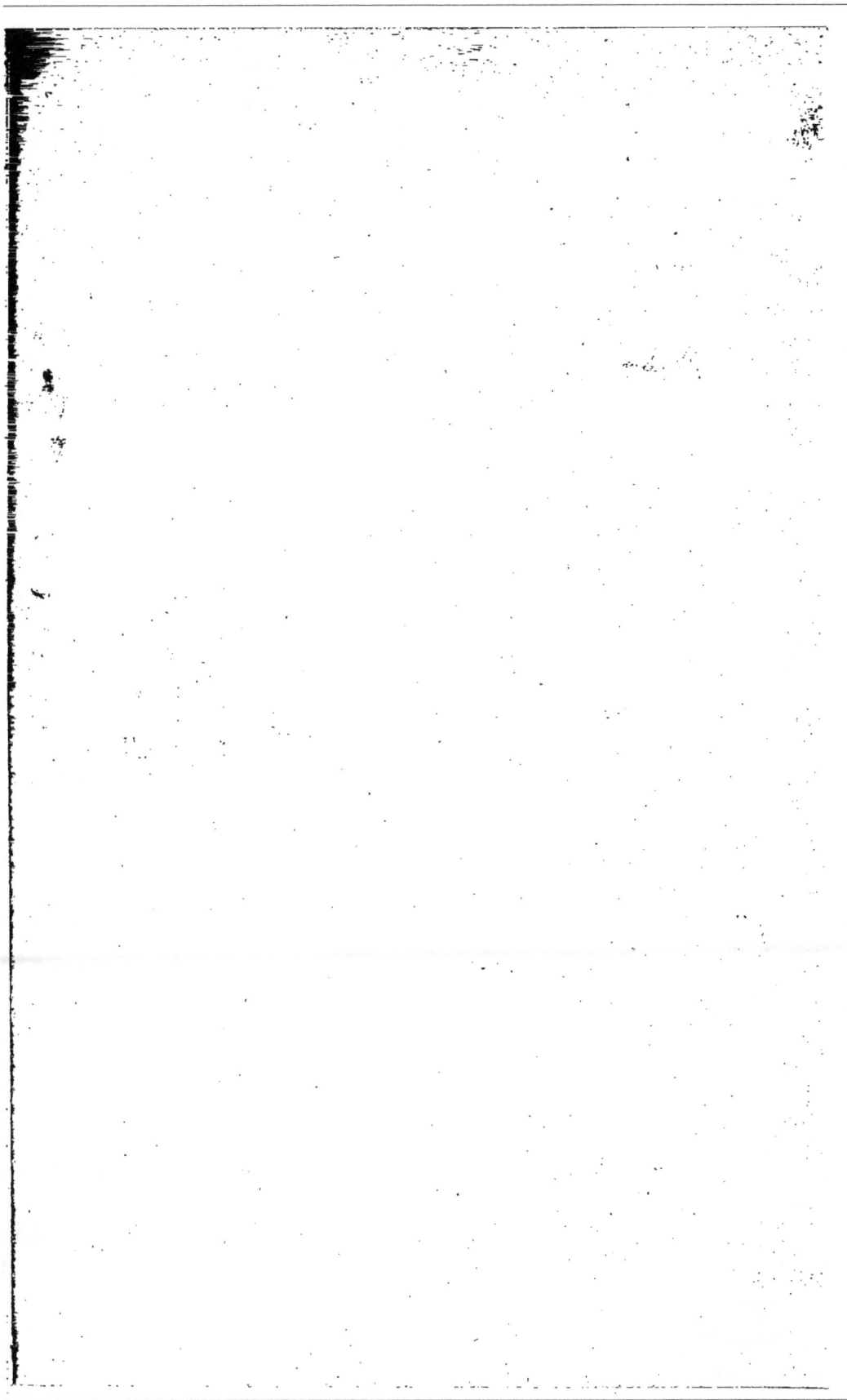

Paris et Limoges. — Imprimerie militaire Henri CHARLES-LAVAUZELLE

www.ingramcontent.com/pod-product-compliance
Lightning Source LLC
Chambersburg PA
CBHW061044110426
42740CB00049B/1860